LES POLITIQUES DES COLLECTIVITÉS TERRITORIALES EN EUROPE POUR LE DÉVELOPPEMENT ÉCONOMIQUE DE LEURS TERRITOIRES

Entretiens Universitaires Réguliers pour l'Administration en Europe

Collection fondée par Hélène PAULIAT et dirigée par Hélène PAULIAT et Michel SENIMON

La collection a pour objet de publier les actes du colloque annuel que l'Association EUROPA (ONG dotée du statut participatif auprès du Conseil de l'Europe) organise chaque année à Limoges. Les thèmes traités sont relatifs à l'administration publique, le service public, la fonction publique et les politiques publiques en Europe. Les rencontres annuelles ont la particularité de faire intervenir des universitaires, des praticiens, des fonctionnaires territoriaux ou de l'Etat, des économistes, des sociologues des différents pays membres du réseau de l'Association EUROPA ; elles permettent ainsi une analyse des politiques conduites chez nos partenaires européens et un croisement des approches sur les bonnes pratiques mais aussi sur les difficultés de la gestion de l'action publique en Europe.

Déjà parus :

Hélène PAULIAT, Michel SENIMON et Christophe BONNOTTE (dir.), *Transports et mobilités en Europe. Innover pour rapprocher les territoires*, 2025.

Hélène PAULIAT, Michel SENIMON et Christophe BONNOTTE (dir.), *Les politiques publiques de l'eau en Europe. Entre fragmentation et intégration,* 2023.

Hélène PAULIAT, Michel SENIMON et Christophe BONNOTTE (dir.), *Les politiques agricoles et le développement rural en Europe. Pour une agriculture au service de l'attractivité des territoires ?, 2021.*

Hélène PAULIAT, Michel SENIMON et Christophe BONNOTTE (dir.), *Défis et enjeux de la Silver économie en Europe. Quelles politiques publiques pour quels objectifs ?*, 2021.

Textes réunis par
Hélène PAULIAT et Michel SENIMON

LES POLITIQUES DES COLLECTIVITÉS TERRITORIALES EN EUROPE POUR LE DÉVELOPPEMENT ÉCONOMIQUE DE LEURS TERRITOIRES

L'Harmattan

EUROPA est une OING dotée du statut participatif auprès du Conseil de l'Europe, qui dispose d'un réseau d'experts européens provenant de dix-neuf pays de l'Union européenne (Allemagne, Belgique, Bulgarie, Danemark, Espagne, France, Grèce, Hongrie, Irlande, Italie, Lituanie, Luxembourg, Pays-Bas, Pologne, Portugal, Roumanie, Slovaquie, Slovénie, Suède). Cette large représentativité européenne constitue l'atout majeur du « réseau EUROPA » et permet à l'organisation de répondre de manière réactive à toutes commandes, appels d'offres ou missions d'expertise internationales entrant dans les domaines de compétences : - Analyse et comparaison des politiques publiques en Europe - Organisation territoriale des Etats en Europe — Participation des citoyens à la décision publique en Europe - Reconnaissance et refondation des services publics en Europe –Rôle des services publics en matière de cohésion sociale et territoriale – Modernisation des administrations publiques et management public en Europe - Régimes juridiques et mobilité des agents publics en Europe – Protection sociale des citoyens et des agents publics en Europe. Par ailleurs, EUROPA réalise des actions de formation et d'animation de journées d'études, conduit des programmes de recherche et développe un site Internet qui constitue un véritable centre de ressources : www.europaong.org. Elle organise enfin chaque année à Limoges des colloques sur ces problématiques dans le cadre des Entretiens Universitaires Réguliers pour l'Administration en Europe, ainsi que des séminaires européens dans les pays membres de son réseau.

5-7, rue de l'École-Polytechnique – 75005 Paris

www.editions-harmattan.fr

ISBN : 978-2-336-52779-6
EAN : 9782336527796

Présentation

Michel Senimon
Délégué général d'EUROPA

Les discussions se tiennent à Esther technopole, un lieu emblématique au regard du thème traité.
S'attaquer au développement économique des territoires sur le prisme des politiques publiques mises en œuvre par les collectivités pour en favoriser l'expansion n'est pas une mince affaire. L'équipe en charge de l'organisation du colloque a rapidement décidé de faire appel à un des meilleurs spécialistes du développement territorial pour étayer la réflexion : Olivier Bouba-Olga, professeur en aménagement et urbanisme à l'université de Poitiers, domaine dans lequel il publie beaucoup, et chef du service études et prospectives de la région Nouvelle-Aquitaine. Il sera notre grand témoin lors de cette journée.
On assimile généralement la notion de développement à celle de progrès et de croissance. On admet, sans véritablement discuter cette affirmation, que le développement territorial reposerait sur une sorte de dynamique exponentielle, sur un accroissement ininterrompu de la richesse d'un territoire. Révélé par un certain nombre d'indicateurs quantitatifs (le nombre d'emplois créés, le nombre et l'importance des acteurs économiques présents sur le territoire, la valeur des biens et services produits à l'échelle des territoires, les dépenses des ménages, l'investissement public), le développement économique serait dans cette optique comparable à une marche forcée vers le bonheur économique.
Selon une autre approche, encore aussi peu discutée, le développement du territoire serait corrélé à son statut, sa position de *leadership* dans tel ou tel secteur de l'économie, de la

recherche, dans sa capacité à se projeter hors de ses frontières dans l'internationalisation de son action à jouer le jeu de la compétition. La notion de développement serait alors liée à celles de conquête, de compétitivité, de concurrence, d'attractivité. Dans cette optique un peu classique, il y aurait des territoires gagnants et des territoires perdants. Les premiers, par les hasards de leur histoire, leur géographie, leurs rapports au pouvoir central, le jeu de leurs élites politiques et industrielles, ont profité ou profitent encore des modèles de développement faits pour eux. Ils concentrent les centres de décision politique et économique, la recherche technologique, la formation ; ils ont acquis une position dominante dans certains secteurs industriels, technologiques ou de service. Leur développement s'auto-alimente, parfois jusqu'à l'embolie, atrophiant les territoires limitrophes au risque de créer des déséquilibres territoriaux, voire des inégalités sociales. Les territoires perdants, d'un autre côté, sont des territoires de déprise, « laissés pour compte », écartés de la mondialisation et des échanges. Leur attractivité n'a pas suffi à maintenir les acteurs économiques, et ils n'ont su ni attirer les champions, ni garder leurs forces vives : les jeunes, formés et diplômés, sont partis travailler ailleurs. Ces territoires assoupis donnent le sentiment que la vie ne se passe pas au même rythme qu'ailleurs. Ils sont souvent ruraux et se vivent sur le mode du déclassement, parfois même de la résignation.
Est-ce pour autant là le modèle de développement dont nous voulons encore ? Nul doute que ces représentations sont des modèles issus de l'après-guerre et qu'aujourd'hui les crises que nous affrontons, le rythme auquel elles se succèdent (qu'elles soient sociales, démocratiques, économiques, sanitaires), nous plongent dans un processus de transformations multiples, dans les domaines de l'énergie, du climat, de l'environnement, de l'agriculture, des transports. Ce contexte questionne fortement nos modèles de développement quant à leur obsolescence et le fait qu'ils soient basés sur la croissance, la consommation et l'accumulation des richesses, dans une course sans fin. Cette prise de conscience brutale que nous vivons nous incite à nous

interroger sur des modèles de développement reposant sur la solidarité, la complémentarité, la cohésion sociale et territoriale, en vue de gommer les fragilités et les déséquilibres qui fracturent parfois notre société. Dès lors, quatre questions s'imposent à nous :

- Comment définir le développement économique des territoires, non pas en affirmant ce qu'il est, mais en cherchant ce qu'il devrait être ?
- A partir de quels territoires penser le développement territorial ?
- Comment repenser les rapports entre territoires dans le cadre d'un développement mettant en avant les notions de solidarité et de complémentarité ?
- Comment placer la notion de résilience territoriale au cœur des politiques publiques de développement, afin de surmonter les contradictions qui minent les modèles actuels de l'intérieur, et faire face aux crises qui en soulignent la fragilité ?

Les spécialistes qui interviendront lors de ce colloque sont géographes, économistes, juristes… et de toutes nationalités, mais avant tout européens. C'est dans le but de mener une réflexion européenne que nous lançons cette journée.

Je suis heureux de rappeler que cette rencontre se tient sous le patronage du Conseil de l'Europe, puisque EUROPA est membre de la conférence plénière des OING et que nous avons le soutien de 8 partenaires publics et privés : la région Nouvelle-Aquitaine, la communauté urbaine de Limoges-Métropole, le conseil départemental de la Haute-Vienne, la Ville de Limoges, l'Université de Limoges et sa fondation partenariale, la Banque des territoires, le Centre national de la fonction publique territoriale, et le groupe EDF.

François Vincent
Vice-président et conseiller régional de Nouvelle-Aquitaine

Une question fondamentale sera traitée au cours de ce colloque, mais c'est surtout l'échelle européenne qui est importante dans la réflexion que nous allons mener. On part de l'idée qu'il n'y a pas de définition précise du développement économique dans les territoires. Il y en a pourtant une, qui réside dans ce qui nous rapproche d'autres territoires. Toutes nos sociétés européennes traversent en effet une crise socio-économique, une crise géopolitique, une crise énergétique, mais aussi une crise du vieillissement.

Ce basculement doit être pris comme un point de départ. C'est en tout cas la démarche que la région Nouvelle-Aquitaine a adoptée pour orienter son action. Les espaces, les territoires où la réflexion pourra être menée sont pleins d'énergies et pleins d'expérimentations. Il serait d'ailleurs intéressant d'aborder les différences entre l'expérimentation et l'innovation, ou plutôt entre l'invention issue des territoires et l'innovation qui s'ensuit. Tout cela dépend des énergies, des hommes et des femmes qui s'y emploient. La région Nouvelle-Aquitaine est prometteuse à cet égard.

Il nous faut donc définir ce qu'est un territoire. C'est évidemment autre chose que l'appellation de ce qu'on appelait la « ruralité » il y a vingt ou trente ans : c'est aussi les centres urbains, les grandes villes et leur périphérie. Une des prérogatives de la région (Nouvelle-Aquitaine, mais d'autres régions aussi), c'est le développement économique : la présence de la région dans le territoire est donc forte.

Il faut alors trouver un équilibre, et la possibilité d'évolution dépend de personnes qui participent à ce développement ; il faut aussi imposer un schéma, ce que peut faire la région depuis la loi NOTRe du 7 août 2015 qui donne aux régions la capacité de régir les choses en matière de développement économique, afin de dégager un schéma pour coordonner l'action, et surtout la simplifier, ce qui parle à beaucoup de monde en Europe, tant les procédures, parfois compliquées, prennent de l'énergie.

La région accompagne ainsi le développement économique par le biais de ces schémas, que l'on retrouve sous d'autres formes dans d'autres régions européennes : la région lombarde, en Italie,

construit, pour développer le territoire, des schémas à partir desquels nous pouvons réfléchir.
Ce développement économique est de premier ordre dans les territoires : il est vecteur d'emploi, d'animation et d'aménagement des territoires. Un domaine est particulièrement brûlant : la déprise du monde médical, montrant non pas que les médecins manquent dans les territoires, mais qu'on peut les inciter à se rendre ailleurs.
La question de la mobilité est très fortement liée à la question territoriale.
Enfin, tous les territoires ne se trouvent pas placés sur un pied d'égalité. Même au sein d'une région comme la Nouvelle-Aquitaine, les disparités sont fortes. La région met à disposition des systèmes d'ingénierie, met en place une DATAR, outil non pas de prospection mais d'accompagnement : elle est au service du territoire pour réunir les moyens nécessaires à bâtir des projets. La Région, avec la DATAR, se prête à ce développement.
Finissons en remerciant Europa et l'Université, dont les professeurs sont un maillon essentiel de la réflexion !

Guillaume Guérin
Président de Limoges-Métropole

On présentera ici ce qu'est l'EPCI Limoges-Métropole : 208 000 habitants, une aire urbaine d'équilibre, entre le Massif Central et l'Océan, qui tend aujourd'hui à exister face au mastodonte qu'est la métropole bordelaise, et à capter un maximum de flux économiques et de population. On tentera un portrait, parfois difficile, de la population.
Ne nous voilons pas la face : les territoires, aujourd'hui, en Europe et particulièrement dans l'Hexagone, sont en concurrence les uns avec les autres ; le monde merveilleux où tous les territoires seraient complémentaires n'existe pas. Aujourd'hui, un phénomène tend à s'opérer et s'accentue avec la crise Covid. Une partie des populations ne veulent plus vivre dans les grandes

métropoles embolisées. Combien de temps cela va-t-il durer ? La presse nationale, *Le Monde* en particulier, rappelle régulièrement qu'il y a en France 800 000 à un million de personnes désireuses de quitter les grandes métropoles.

Voilà le constat que nous pouvons faire pour notre territoire : nous sommes une ex-capitale régionale, qui a perdu son statut, et par voie de conséquence un certain nombre d'emplois publics, déconcentrés et décentralisés, depuis la loi de 2015. Nous sommes une aire urbaine d'équilibre entre le Massif central, l'océan et Bordeaux. Limoges et son aire urbaine d'influence ont rendu à sa population un service public tout à fait acceptable et plutôt même qualitatif sur les dernières décennies, avec des bases fiscales majoritairement composées de gens travaillant dans le tertiaire et de fonctionnaires, majoritairement de catégories B et C, des services déconcentrés ou décentralisés d'État. Une ex-industrie qui a fait la richesse de Limoges pendant des années et qui s'est étiolée au fil du temps subsiste par le biais de certains pôles. Pour demain, notre enjeu est de sauvegarder nos populations, éviter le déclin démographique, et de nous assurer, quelles que soient les collectivités présentes, de pouvoir financer le service public que nous offrons aux populations dans les deux décennies à venir.

Si la contraction des bases fiscales continue à s'opérer comme elle l'a fait ces dix dernières années, la question du service public que nous rendons à nos populations se posera.

La fiscalité peut être renforcée de deux manières : alourdir la pression sur le contribuable qui reste, ou créer de la richesse, une solution évidemment préférable.

Les territoires sont tous en concurrence. Sur quoi avons-nous des avantages compétitifs par rapport aux autres territoires ? Nous sommes à la pointe sur la céramique, l'hyperfréquence, la photonique. Notre avantage y est relatif, c'est-à-dire compétitif par rapport aux autres influences de même strate. Il nous faut trouver (et nous les connaissons, car elles ont été repérées par les chercheurs et les scientifiques) d'autres filières dans lesquelles s'engager : ce sont les domaines de l'eau, du bois (Essence

Douglas en particulier), mais aussi de l'attention aux personnes âgées (Gérontopôle, dont il est important que le futur président soit à Limoges et non à Bordeaux…).
Ce sont là des thématiques dont nous savons que, si nous aidons à la constitution de l'écosystème qui leur permettra de générer de l'emploi et de créer de la richesse, elles irrigueront demain le territoire. Ce sont dans ces thématiques que nous sommes compétitifs par rapport à d'autres aires urbaines de même strate.
Le projet de territoire est essentiellement basé sur le projet municipal défendu par le maire en 2020 et sur les remontées des maires composant l'EPCI. Un axe transversal le structure et vient d'ailleurs chapeauter nos politiques publiques : celui de la durabilité. La résilience des territoires a été mentionnée en introduction : elle représente un axe fondamental, surtout dans la perspective d'accueillir les populations désireuses de quitter les grandes métropoles embolisées. Cette résilience des territoires réside dans la qualité de vie que l'on peut offrir aux actuels habitants du territoire, mais aussi aux futures populations. Dans ce domaine, nous avons de vrais atouts, de vrais avantages compétitifs par rapport aux autres territoires français. De nos faiblesses, comme notre enclavement, il faut faire une force pour porter un message positif à destination des futures populations. Limoges, c'est un fait, est un territoire enclavé, traversé d'une unique autoroute nord-sud, et dépourvu de grand aéroport international et de desserte TGV. Mais ces faiblesses sont, pour une partie de la population, des atouts : l'air est de très bonne qualité toute l'année ; l'eau, gérée en régie depuis des décennies, est la plus fiable de l'Hexagone (nous en maîtrisons la qualité, la quantité et le prix) ; les crèches sont libérées de tout perturbateur endocrinien ; les délais d'attente dans les EHPAD sont très inférieurs à ceux des aires urbaines de même strate, et encore plus inférieurs à ceux des grosses aires urbaines. Bref, nous avons un vrai message positif, en matière de durabilité, à vendre à nos populations. Les engagements des politiques publiques sur l'eau doivent nous permettre d'être résilients et durables dans le domaine de l'énergie et de l'écologie.

Le développement d'un territoire est lié à la création de richesses et à la capacité de faire venir de nouvelles populations, ce qui dépend de la politique d'offre de logements, que nous sommes en train de revoir complètement. Mais il dépend aussi des mobilités. Pour faire venir un couple de jeunes parisiens (CSP +, deux enfants et plus de 5 000 euros par foyer), il faut jouer sur plusieurs atouts. Cette famille sera sensible à l'offre de crèches, au fait de faire venir leurs parents à la retraite, à l'offre de logements, mais aussi aux mobilités, au plan de déplacement urbain. Limoges et Aix-en-Provence étaient, jusqu'à récemment, les deux seules villes de France à n'avoir pas revu leur plan de déplacement urbain depuis une quarantaine d'années ! Nous n'étions plus en adéquation avec les populations. Si nous voulons leur adresser un message positif, il faut développer les mobilités douces.

Le développement économique seul ne fera pas le développement d'un territoire : de nombreux autres domaines doivent être travaillés. Mais depuis la crise Covid, nous avons une carte à jouer, qui était difficile à jouer avant ; mais il faut la jouer vite : des gens qui ont vécu d'une certaine manière pendant quarante ans reviendront aisément à leurs anciennes habitudes si rien de nouveau ne leur est vite proposé.

Sandrine Rossler
Représentante du conseil départemental de la Haute-Vienne

Pour le département de nos territoires et de la Haute-Vienne, nous sommes face à une configuration particulière formée d'une ville-centre, Limoges, et d'un territoire plus rural ; pour autant, nous devons agir dans le bien de tous, en secteur urbain comme en secteur rural, assurer une cohérence et une complémentarité dans notre action, et être attachés aux principes de solidarité et de transition écologique.

Le département n'a pas la compétence économique en tant que telle. Pour autant, nous injectons beaucoup d'appuis et de soutien dans l'économie locale, en accompagnant les associations, les clubs (le CSP par exemple) et le secteur économique ; notre action est donc forte sur le territoire. Le soutien aux communes et à leur groupement peut prendre un volet économique, par le biais de contrats d'agglomération, de contrats territoriaux... Le dispositif principalement concerné est celui qui permet de maintenir les services à la population, en particulier dans les territoires les plus ruraux, afin de s'assurer que les espaces ne se vident pas.

Le département est enfin présent économiquement par le biais des aides à l'immobilier d'entreprise, sous condition de cofinancement par l'intercommunalité. Nous avons dernièrement ouvert nos dispositifs à l'hôtellerie-restauration, notamment pour faire face à la crise sanitaire, et nous complétons les aides pour permettre aux établissements de mener les travaux nécessaires et accueillir du public.

Nous avons aussi lancé un dispositif pour faire face à la crise sanitaire, Mille Mercis, un chèque que l'on remet au personnel soignant pour lui permettre de se rendre dans les restaurants. Nous estimons qu'une aide d'un euro versé à un membre du personnel soignant revient à deux euros reversés dans l'économie, pour un volume global d'un million d'euros reversé dans le territoire.

Aides directes, aides indirectes, mais également structures d'aides à l'économie sociale et solidaire, qui est le cœur de notre compétence, encouragement aux petites manifestations et aux produits locaux, sont les principales voies de soutien à l'économie assuré par le département.

Nous travaillons aussi beaucoup avec l'interconsulaire, dans le traitement des dossiers de demande d'aide à finalité économique, et nous sommes partenaires de projets d'excellence, en particulier celui du cuir en Nouvelle-Aquitaine.

Nous n'oublions pas non plus le soutien aux agriculteurs qui souhaitent s'installer sur le territoire, et, dans la même veine, l'encouragement aux circuits courts, permis par une plate-forme lancée il y a quelques années, Agrilocal87, qui permet aux

producteurs locaux de proposer leur production à l'attention, par exemple, de la restauration collective.
Dans chacune de ces opérations, nous travaillons avec et pour les acteurs du territoire ; tous les maillons de la chaîne sont importants pour assurer l'essor du territoire.
La même logique pousse à constituer la SPL Terre du Limousin, dans la continuité des assises du tourisme, avec les acteurs du tourisme et les EPCI. Aujourd'hui, nous nous attelons à l'ambition plus forte de construire une véritable politique d'attractivité pour valoriser nos atouts et donner envie à des ultra-urbains de venir s'installer en Haute-Vienne pour y travailler. Encourager le développement de la fibre est indispensable pour leur permettre de télétravailler et de profiter de la qualité de vie du département.
Dans une telle politique, tous les échelons sont importants : local, départemental, régional et européen. Ils sont complémentaires dans la concrétisation des projets de développement. L'Europe, à travers sa politique de cohésion sociale, qui souhaite favoriser les échanges entre les régions, la coopération, la mise en réseau des acteurs, afin de renforcer le sentiment d'appartenance à l'Union européenne, appuie les territoires depuis plusieurs décennies, avec des résultats concrets. Pour la Haute-Vienne, ce soutien revient à environ 80 millions d'euros de fonds européens (FEDER, FEADER, FSE dont nous avons la gestion indirecte). Cette aide a financé la construction de maisons médicales pluridisciplinaires, de structures d'insertion (18 chantiers d'insertion ont été développés en Haute-Vienne grâce au FSE) et de projets touristiques.
La complémentarité évoquée précédemment s'exerce dans plusieurs projets, en particulier le développement de la fibre, le soutien à l'installation de commerces comme épiceries, boulangeries dans le secteur rural... Les financements croisés et l'existence d'objectifs distincts et complémentaires sont les clés d'une action efficace.
La politique européenne demeure un levier majeur pour les territoires : plus de deux milliards d'euros seront redistribués en

Europe pour favoriser la relance post-Covid, aider les secteurs les plus touchés. Les collectivités territoriales françaises, et au premier titre les départements pour leur politique sociale, bénéficieront de ces aides.
Dans cette approche complémentaire, l'ouverture des politiques publiques à l'action départementale et sociale est fondamentale.

Emile-Roger Lombertie
Maire de Limoges

Au cours de cette journée, tous les intervenants présents animeront une discussion forte, qui reflète l'intensité des ambitions de tous pour le développement de la ville et du département, mais, au risque de dénoter par rapport aux prises de paroles précédentes, je ne sais pas ce que veut dire « territoire ». Nous sommes confrontés, et c'est le propre de toute société qui progresse, à une vision de plus en plus urbaine et de plus en plus abstraite. La France a eu l'intelligence merveilleuse de rajouter de multiples couches bureaucratiques dans lesquelles, comme il a déjà été mentionné, nous sommes en concurrence. Le contexte est toujours en mouvement. Lorsque j'envisage une action économique ou une création industrielle à Limoges, je l'envisage pour Limoges mais aussi pour le département, la région, la France, l'Europe et le monde. Nous sommes immédiatement rattrapés par la destruction planétaire et le réchauffement climatique. Ce qui est fait à un endroit peut avoir une répercussion caricaturale sur un autre endroit.
En termes de développement économique, je crois que la course en avant toujours accélérée est finie. En revanche, développer les outils de demain, qui permettront de réparer l'humanité, l'environnement, une industrie le plus décarbonée possible, la moins toxique pour l'environnement, semble du domaine du possible. Nous avons là besoin de l'université qui peut passer de la recherche au domaine de la recherche et développement, puis à la start-up, à la TPE voire à la PME.

Si nous voulons nous développer, il nous faut résoudre le problème de l'ambition dans le projet. En 2014, lorsque nous avons réfléchi au projet du Limoges de 2030 à 2050, nous avions comme ambition une ville rénovée, belle, propre, dans laquelle chaque enfant puisse étudier dans une école rénovée et équipée pour en être fier, et que les enseignants soient fiers d'y travailler : que les collèges, les lycées et l'université soient les plus dynamiques possible. Le rôle des collectivités, région, département, intercommunalité dans laquelle la ville est prise, est d'accompagner, soutenir et stimuler, voire parfois houspiller les bonnes volontés. Nous avons le développement et l'équipe de développement de la sécurité informatique parmi les meilleurs du monde. Si nous n'avons pas la fierté de reconnaître ce que nous avons, ni la volonté de le dépasser, nous ne ferons rien.
Le président de région que nous avons, qui est engagé comme Laurent Wauquiez l'est en Rhône-Alpes pour le développement économique, nous apporte beaucoup. Il nous apporte une vision écoresponsable qui accompagne le développement économique, avec une forte réflexion sur la dynamique de la production industrielle, et sur la place de l'homme dans la production, et de la production par rapport à la vie de l'homme. Cette réflexion doit nous conduire en permanence.
Cette volonté nous apporte une richesse brute qu'il nous faut mobiliser. La première richesse, ce sont les hommes et les femmes, ceux et celles qui ont une vision et l'intelligence. La deuxième richesse est la richesse financière, que la France ne sait pas mobiliser pour passer de la recherche à l'entreprise ; cette difficulté doit être dépassée. Une troisième richesse est l'environnement dans lequel nous sommes. Nous avons évoqué tout à l'heure la ruralité, mais opposer les mondes urbain et rural est catastrophique pour la vie de nos civilisations. Historiquement, Rome est passée d'1,5 M d'habitants à 150 000 habitants en une année. Aujourd'hui, face à l'évolution, nous pouvons avoir un effondrement de l'urbanité, catastrophique du simple point de vue de notre nécessité à nous nourrir. Le même problème se pose pour l'eau : l'humanité se comporte aujourd'hui

comme si elle était toute-puissante par rapport à l'environnement.
La France oublie souvent les devoirs historiques qu'elle a vis-à-vis de ses voisins européens et du contexte européen.
La question du bois, évoquée par M. Guérin un peu plus haut, doit susciter réflexion et action. Nous avons de belles forêts en France. Nos entreprises manquent de bois, alors que la ressource est achetée par les Chinois. Il est primordial de protéger cette ressource en France ! Une des actions, récemment dévoilée, de la France en tant que présidente du Conseil de l'Europe sera de protéger la ressource bois.
Quand on parle de développement économique, on doit réfléchir aussi à ce qui risque d'être fait de catastrophique. Manger du bœuf venu du Brésil, c'est participer à la déforestation. Continuer à mener une industrialisation qui produit et utilise de l'huile de palme, c'est participer à la destruction d'espèces rares qui progressivement ne seront plus de cette planète. Il nous faut réfléchir à créer de nouvelles techniques – et ici, nous sommes dans un lieu d'innovation – mais surtout faire en sorte que la planète soit vivable demain, et que nos enfants puissent y vivre en ayant réinventé un pacte de vie.
Mes voyages en Europe et dans le monde m'ont montré qu'on a voulu détruire les États-nations, détruire leur histoire, dans une espèce d'utopie généralisée de bonheur parfait et partagé par tous. Mais nous oublions que cette utopie génère de plus en plus de pauvres, de désespérés, de malheureux. Pour échapper à ces maux, ils sont sur les routes, les mers, et dans l'immigration, et ils créent des mouvements qui nous amènent à renier les fondements de nos sociétés, et à propos desquels nous devons rester vigilants.
Le développement économique est une question majeure, mais il ne faut pas oublier toutes les questions qui gravitent autour de lui et peuvent générer autant de bonheur que de malheur.

Isabelle Klock-Fontanille
Présidente de l'Université de Limoges

Notre vision de l'université est assez proche de la philosophie d'Europa, telle que Robert Savy l'avait envisagée. Elle se caractérise de la manière suivante :

- C'est une université pluridisciplinaire à taille humaine, un établissement de proximité rendant le service public de proximité aux étudiants du territoire, mais aussi un établissement spécialisé qui excelle dans chacun de ses quatre domaines.
- Elle s'implante sur plusieurs sites : Limoges, Tulle, Guéret, Brive, Egletons pour citer les principaux. Elle est mue par une politique d'égalité des territoires qui exige que chaque citoyen, où qu'il réside, puisse accéder aux services essentiels. L'université déploie des formations au plus près des territoires, et en partenariat avec les collectivités territoriales, qui participent le plus souvent aux aménagements du campus, à la réhabilitation des bâtiments et au développement des offres de formation. La garantie pour chaque citoyen d'un égal accès au service d'éducation participe à la réduction des fractures sociales. L'université de Limoges s'associe à Tulle et à Brive pour la mise en place de campus connectés, portés par les deux villes, mais la présence d'une université de proximité est un prérequis. Notre contribution à cette entreprise est donc d'une grande importance.
- Elle participe à des recherches pluridisciplinaires, avec des niches fortement connectées au monde socio-économique. L'université crée plusieurs outils dédiés à cette recherche : en 2008, conjointement avec la région Limousin (le nom de la région à l'époque), l'université crée l'AVRUL (Agence pour la Valorisation de la Recherche Universitaire du Limousin), qui sert de guichet unique entre l'entreprise et les établissements. Trois ans plus tard, la Fondation partenariale renforce les liens et l'action, en mettant en place une interface entre mondes universitaire et socio-économique, et en impliquant plus directement les entreprises dans la formation : emploi,

participation aux conseils de perfectionnement, soutien à la recherche et à l'innovation.
L'université met aussi en place plusieurs centres techniques, proposant des transferts de technologie en lien avec ses spécialités : systèmes, CTTC, en particulier. Des laboratoires communs avec les entreprises du territoire : Thales, Air Liquide...
Jusqu'en 2016, notre université a inscrit son empreinte territoriale au sein de l'ancienne région Limousin (750 000 habitants), pourvue d'une cohérence culturelle et territoriale bimillénaire. L'université de Limoges était la seule université du Limousin, territoire à la fois agricole et industriel, avec un réseau économique dense majoritairement composé de PME, avec des équipements technologiques assez inégaux.
Par leur taille, leur proximité et leur ancienneté à peu près semblable (naissance dans les années 1960-1970), la Région et l'Université ont toujours travaillé ensemble pour répondre aux besoins de formation de son territoire. C'est ainsi que naissent l'école d'ingénieurs (l'ENSIL, en 1991) et l'ILFOMER (2012).
Depuis 2016, le Limousin a fusionné dans la nouvelle région Nouvelle-Aquitaine, près de 6 millions d'habitants et cinq sites universitaires, dont Bordeaux et Poitiers. Cette fusion force l'Université à repenser sa place et son rôle dans un territoire bien plus vaste. La nouvelle équipe de direction, élue en janvier 2021, a fait le choix de porter ce défi que constitue l'intégration dans la grande région et de réaliser un changement de perspective. Nous ne sommes plus une université ancrée dans un territoire, mais un territoire maillé par l'enseignement supérieur. Il s'agit de penser et développer collectivement le territoire avec des établissements, des partenaires économiques, sociaux et associatifs, etc.
D'où des projets co-construits autour de grands enjeux sociétaux : la transition hydrique, le quantique ; des projets internationaux, comme le projet de recherche qui unit Ester et la Wallonie.

Cette perspective résolument régionale de rapprochement entre les établissements acteurs de l'enseignement supérieur permettra de coordonner les sites infrarégionaux cités tout à l'heure, leurs caractéristiques et leurs dynamiques propres, sous la forme d'une convention de coordination territoriale. Cette dernière démarre au 1er janvier 2022 et doit permettre une meilleure coordination entre les établissements signataires et les écosystèmes de la région Nouvelle-Aquitaine ; elle créera une nouvelle dynamique à l'issue de la fin programmée de la Comue Léonard-de-Vinci dont l'université faisait partie avec l'université de Poitiers et l'ISAE-ENSMA, près de Poitiers, au 31 décembre 2022.
L'université assure aussi, sur le terrain, le lien avec les mondes économique et associatif, et participe au développement économique, à la fois par le transfert des résultats de la recherche et par la formation de diplômés de haut niveau qui s'insèrent dans ce milieu.
Le tissu économique de la région n'est pas structuré par de grands groupes portés par de grands pontes, mais plutôt maillé de PME qui ont souvent encore besoin d'accroître leurs compétences technologiques pour développer leur production et affirmer leur position à l'international. Même si le territoire du Limousin est très dynamique, son accessibilité n'en fait pas nécessairement le terrain de jeu privilégié des grands investisseurs étrangers. La création de valeur économique se fait donc avant tout par la création d'entreprises innovantes. C'est au cœur des missions de l'université de Limoges qui a comme responsabilité d'accompagner ces entreprises, de les aider à monter en gamme, en développant l'esprit d'initiative des étudiants, pour qu'ils soient demain des moteurs du changement, et en s'organisant pour offrir les meilleures conditions d'accès à la recherche et à ses résultats.
L'université de Limoges se concentre donc sur ses spécialités, sa signature, sur l'identité qui lui vient de son lien avec le territoire pour se différencier aussi bien au niveau régional que national et international. Avec ses partenaires, elle a pour ambition de se

poser comme acteur indispensable de l'écosystème territorial et économique.

Aujourd'hui, on parlera probablement aussi beaucoup des notions de concurrence et de coopération ; le rôle des chercheurs, qui travaillent beaucoup sur la représentation des acteurs, sera ici essentiel. Si les acteurs sont convaincus d'être en concurrence entre eux, ils agiront en conséquence. Reste à savoir si ce sentiment est fondé. Finalement, les acteurs ont plutôt intérêt, et un intérêt égoïste, à se placer dans une logique de coopération. La coopération n'est pas une utopie complètement altruiste : chacun a un intérêt personnel à coopérer. On n'effacera pourtant jamais la concurrence.

Dans le même temps, cette logique de concurrence et de coopération influence l'action publique. C'est parce que ces logiques de concurrence existent qu'il faut répondre à des appels à projets. Comment faire pour soutenir le développement des territoires sans les mettre en concurrence ? Le rôle des acteurs publics serait peut-être à réinterroger dans ce domaine.

Partie 1

Qu'est-ce que le développement économique ?

Introduction

Olivier BOUBA-OLGA
Professeur en aménagement de l'espace et urbanisme à l'Université de Poitiers, Chef de service études et prospective, Région Nouvelle-Aquitaine

La première difficulté est la définition du territoire. Pourtant, le fait territorial est bien reconnu par les chercheurs. Quand on parle de la recherche aéronautique française, par exemple, on est bien conscient qu'on ne parle ni de la France, ni même de l'Occitanie dans son ensemble, mais de certains territoires infra-régionaux. Cette reconnaissance du fait territorial est vraie dans tous les domaines de la recherche socio-économique. Il faut donc penser les choses à des échelles infra-régionales, et agir aux mêmes échelles.
Tous les intervenants de cette première partie entrent dans la discussion via le domaine économique, tous ont tiré leur réflexion vers des domaines qui ne sont pas purement économiques et vers des compétences qui ne sont pas économiques. Les enjeux économiques supposent donc de mettre en œuvre des moyens qui ne relèvent pas de la politique économique. Ce point-clé doit rester à l'esprit. S'occuper de la garde des enfants, par exemple, c'est assurer le développement économique, puisque cela permettra d'assurer l'accès des parents (et particulièrement des mères, puisque cette compétence est encore très genrée) au monde du travail, et donc le développement économique de l'entreprise.
Les enjeux aujourd'hui sont plus larges. En tant que chercheur travaillant à la région, je suis impliqué dans la mise en place de contrats de développement et de transition des territoires. La question est ancienne : comment assurer le développement

économique, social et environnemental ? Comment assurer les transitions qui deviennent nécessaires ?

Développement économique et enseignement supérieur

Florence LEGROS
Directrice générale d'ICN Business School, ancienne rectrice, spécialiste des retraites

On prendra la question par le biais de l'enseignement supérieur et par le biais économique. Ce n'est pas uniquement en faisant de la politique économique qu'on assure le développement économique, le fait a été rappelé en introduction. D'autres voies sont possibles, et particulièrement le développement de l'enseignement supérieur.

Il y a 2,7 millions d'étudiants dans l'enseignement supérieur en France, 31 000 enseignants dans le degré supérieur, et 300 000 chercheurs. Pour un territoire, c'est un enjeu majeur que d'avoir de l'enseignement supérieur.

Pour nourrir le groupe de travail « Grandes écoles et territoires » dont je suis rapporteur, je me suis livrée à quelques calculs évidemment offerts à discussion : en multipliant le panier moyen d'un étudiant (600 €) par le nombre de mois dans une année et par le nombre d'étudiants en grande école, et en prenant le nombre d'enseignants en grande école et en leur affectant un salaire moyen, on arrive au résultat suivant : les étudiants en grandes écoles représentent trois milliards d'euros par an. Il faudrait multiplier ce chiffre par 8 à 10 pour avoir le résultat des étudiants en université.

Accueillir de l'enseignement supérieur est donc un enjeu crucial pour un territoire.

Beaucoup d'apports de l'enseignement supérieur pour un territoire ne sont pas quantifiables : l'impact de la recherche partenariale par exemple. Les instituts Carnot sont très largement

rattachés à l'enseignement supérieur en France (écoles publiques d'ingénieurs par exemple) et représentent 55% de la recherche partenariale mise à disposition des PME, des ETI et parfois des établissements en région. Les collectivités s'impliquent de plus en plus dans les chaires de recherche.
La formation continue est évidemment un grand vecteur de dynamisme, on ne compte plus les formations destinées aux futurs bras-droits des directeurs de PME ou aux membres des PME.
L'apprentissage, mode d'enseignement moderne et de grande qualité, est d'un apport considérable aux régions.
Le mécénat et les fondations sont encore méconnus, mais ils irriguent les territoires. Il suffit de regarder l'affiche du colloque pour en avoir un rappel : ce colloque est en partie financé par une fondation universitaire.
Le volet international participe à la renommée française et régionale. L'importance des étudiants régionaux est bien connue dans la région grand-est et Reims, par exemple.
En retour, quel est le rôle des collectivités territoriales ? Le territoire doit avoir un sens pour l'enseignement supérieur. M. le maire et Olivier Bouba-Olga l'ont signalé plus tôt. Des expertises sont essentielles pour attirer de l'enseignement supérieur de haut niveau. Les étudiants se sentent assez peu responsables de l'aménagement du territoire. Ils vont là où il y a des niches, ce qui rend indispensable une logique de complémentarité et de coopération.

Nous en venons donc à la question de la définition du territoire. Outre le département et la région, nous avons la grande région ; mon école est à Nancy, la région Lorraine, la nouvelle région Grand-Est, mais aussi la nouvelle grande région qui inclut le Luxembourg et la Sarre. La région est donc, pour nous, transfrontalière (ça ne risque pas d'arriver à Limoges), mais on a la notion de non-limite du territoire, de continuum du territoire. La complémentarité des territoires est donc nécessaire. De fait, la notion de territoire est relativement poreuse. Il n'y a pas de

raison pour qu'un territoire reste cantonné à ses limites administratives.
Cet aspect poreux est aussi visible dans le financement de l'enseignement supérieur, surtout depuis la crise sanitaire. Les contraintes budgétaires fortes au niveau de l'État accroîtront probablement le rôle des régions, qui, depuis quelque temps, ont gagné en compétences en termes d'enseignement supérieur. Au lieu de saupoudrer des subventions, on assiste à des financements sur projet (les pactes grandes écoles, les opérations autour du numérique nées de la crise sanitaire). Dans les grandes régions, on s'aligne souvent sur les régions qui ont le plus l'habitude de ces subventions sur projet. La prise de conscience par les régions de leur rôle dans les établissements d'enseignement supérieur est certainement une excellente nouvelle.
Le « toujours plus » est fini, M. le Maire l'a dit plus tôt, et c'est sans doute la bonne nouvelle de cette crise sanitaire.

Comment les territoires sont-ils le creuset des politiques publiques ?

Giuseppe BETTONI
Professeur de géographie politique et de géopolitique, Université de Rome « Unitelma-Sapienza »

Le mot de territoire a toujours été fondamental pour notre recherche commune. En Italie, et pour un même territoire, on fait toujours la différence entre la programmation économique et le travail sur l'infrastructure sociale, comme s'il s'agissait d'actions sectoriellement séparées.

Cet aveuglement territorial de l'action politique est malheureusement récurrent, et pas seulement en Italie. La France a une vision très territorialisée des choses, peut-être pas comme elle le désire, mais cette vision existe, tandis qu'elle est absente dans nombre d'autres pays.

En Italie, nous en sommes arrivés à dire que l'action publique ne pouvait pas être la même dans chaque domaine thématique. Nous avons donc créé une Stratégie nationale de « Zones internes ». Les zones internes sont les municipalités italiennes les plus périphériques en termes d'accès aux services essentiels (santé, éducation, mobilité). Afin de définir quelles sont celles qui font partie des zones internes, on définit tout d'abord les municipalités « pôles », c'est-à-dire les municipalités qui offrent en même temps (seules ou avec les municipalités voisines) : une offre articulée d'enseignement secondaire supérieur (c'est-à-dire au moins un lycée -scientifique ou classique – et au moins un institut technique professionnel), au moins un hôpital de niveau I ; une gare ferroviaire au moins de niveau silver. Ainsi on repère statistiquement les municipalités « pôles » (c'est-à-dire les communes barycentriques pour la présence de services) et on définit des seuils en fonction de la distance en termes de temps par rapport à ces centres. Par exemple, une commune est considérée comme une ceinture si elle se trouve à moins de 27,7 minutes du pôle le plus proche (elle était à 20 dans la classification précédente). Entre 27,7 minutes et 40,9, elle est intermédiaire ; entre 40,9 et 66,9 minutes, elle est périphérique. Au-delà de 66,9 minutes, elle est ultrapériphérique.

Quel est l'avantage de cette organisation ? La vision englobe l'idée de l'intérêt général. On part de l'idée qu'au-delà du PIB de la région et du portefeuille du citoyen, il existe des services d'intérêt général. A quelle distance se trouve le citoyen de ces services, indispensables à son développement ? S'il est trop loin, une action est indispensable.

Une chose à changer, en revanche, et là nous sortons du cadre exclusivement italien, c'est la manière de ne penser ces services qu'en tant que projets économiques. Même si l'on parle d'une intervention pour les personnes âgées, les enfants, etc., même si le cadre est totalement social, on pèse l'action d'un point de vue monétaire : combien a-t-on mis d'argent, et comment cette nouvelle action a-t-elle amélioré l'action économique ?

La méthode ne change jamais : quel que soit l'objectif (améliorer les compétences, accentuer l'action sociale...), l'action prend toujours la forme d'un transfert d'argent vers le territoire. Le président Guérin parlait tout à l'heure de compétitivité : là réside le problème. Les territoires sont mis en concurrence depuis les années 1990.

Dans le même temps, une nouvelle méthode a été lancée, appelée le *New Public Management*. Le Covid nous a montré ses ravages dans les hôpitaux.

A Limoges, si le projet du Président Guérin se concrétise, et à moins d'établir un objectif à ne pas dépasser, le but est finalement de devenir soi-même Paris : attirer de plus en plus de gens, d'activité, et de leur montrer à quel point la vie ici est de bonne qualité.

La compétitivité territoriale repose donc sur des éléments communs ; si elle était atteinte, il y aurait partout la même situation : richesse et population abondante. Il est évident que l'on n'y arrive pas, parce que, dans plusieurs projets, le contexte territorial n'est pas pris en compte en tant que tel, mais simplement considéré comme lieu d'accueil d'une richesse, d'une activité ou d'une certaine population.

On offre toujours plus d'argent, on évalue toujours les projets de manière sectorielle, ce qui nous ramène à des éléments spécifiques, mais cette méthode est bloquée : on n'arrive jamais à une politique aboutissant à des projets véritablement inclusifs. Le débat public est inclusif, mais il ne fait qu'écouter, sans intégrer la partie décisionnelle.

C'est donc là qu'il faut agir : intégrer à la mise en place des politiques publiques de nouvelles méthodes.

Il faut aussi se pencher sur le citoyen qui n'utilise pas les politiques publiques : lui aussi est co-créateur de territoire. Le territoire n'est pas simplement créé par la collectivité, par l'action publique, mais aussi par le citoyen qui n'est pas directement lié au projet.

Dans le domaine du tourisme, par exemple, on parle du touriste comme co-créateur du territoire, mais on devrait aussi parler du citoyen qui n'est pas directement intéressé par le projet d'intervention, mais qui va l'influencer, même sans l'utiliser. Comment l'inclure dans la politique publique ?

Dernière question : comment inclure la question environnementale dans la réflexion ? On a usé le mot de « durable » à force de *greenwashing*. Il faut refuser, dans ce domaine, une réflexion purement quantitative : « combien peut-on polluer ? », « il faut polluer moins », etc. Il faudrait aller plus loin, et considérer l'environnement non plus comme une ressource limitée, mais comme ayant des droits : le cas du parlement de la Loire, à cet égard, est particulièrement intéressant (*cf.* travaux de Bruno Latour et Michel Lussault).

Le concept même de politique territoriale est donc à repenser, sans quoi on continuera à faire attention à des éléments séparés, mais à agir selon le même processus d'une somme d'argent appliquée à un territoire dans une optique de croissance.

Le territoire doit donc absolument être considéré comme un ensemble, et on est loin d'y être arrivés !

Des exemples de réussite de développement économique dans les territoires

Michel GROSSETTI
Directeur de recherches au CNRS et à l'EHESS

Plutôt que de développer une thématique ou une autre, je me propose d'apporter deux exemples concrets de territoires : la Silicon Valley, qui sert de modèle à nombre de développements économiques, et Toulouse, dont l'agglomération est considérée comme un succès du point de vue du développement économique. Dans les deux cas, il est difficile de réduire leur succès à une recette unique facile à transposer dans d'autres territoires.

I-L'exemple de la Silicon Valley

La Silicon Valley, tout le monde s'y intéresse : c'est le succès en termes de création d'emplois et de croissance économique, avec les limites que l'on connaît aujourd'hui : fractures sociales, engorgement du marché du travail… Elle possède aussi une face sombre à laquelle on s'intéresse de plus en plus. Les chercheurs ne sont pas encore d'accord entre eux sur ce qui explique le développement de ce conglomérat d'activités économiques dans cet endroit précis. Trois facteurs sont pourtant identifiés, qui peuvent nous faire réfléchir à notre tour sur les thèmes de la journée :

L'existence d'une force de travail qualifiée sans laquelle l'industrie électronique n'aurait pu se développer. La formation et le niveau de qualification des populations locales semblent donc indispensables.

Le développement d'un parc d'activités, le Stanford Research Park, à proximité de l'université de Stanford, à l'initiative du directeur du département de recherche en génie électrique Frederick Terman (1900-1982). Formé au Massachussetts Institute of Technology, sur la côte Est, il transpose dans cette université encore modeste des façons de faire expérimentées autour de 1910 au Massachussetts Institute of Technology : avoir des lieux pour accueillir les entreprises fondées par les étudiants, développer des liens entre la recherche et les entreprises… Terman arrive à Stanford par le jeu habituel du marché du travail des universitaires, et non en raison d'une attractivité particulière de Stanford.

L'arrivée de William Shockley (1910-1989), prix Nobel en électronique pour l'invention du transistor. Il installe son entreprise à proximité du Stanford Research Park, et celle-ci essaime dans la région, par départ des cadres de Shockley. Les raisons de son arrivée en Californie sont encore débattues ; les scientifiques américains refusent de reconnaître que c'est parce que sa mère habitait sur place (ce n'est pas une raison suffisamment économique) mais quand on étudie les déplacements des scientifiques, des universitaires et des artistes de l'époque, on s'aperçoit que ce motif est tout à fait courant. La structure du marché du travail, bien sûr, jouait ; mais les réseaux personnels, amicaux et interprofessionnels ne doivent pas être oubliés. Une recherche collective, menée sur douze pays, à laquelle j'ai participé [1], montre que les personnalités dites créatives ne sont jamais attirées par des aménagements urbains, des politiques d'attractivité particulières, mais par le marché du travail et les relations personnelles : des raisons somme toute tout à fait ordinaires. Ils restent pour les facilités de transport, un système de santé, un système éducatif pour les enfants, un niveau

[1] Hélène Martin-Brelot, Michel Grossetti, Denis Eckert, Olga Gritsai, Zoltan Kovacs. The spatial mobility of the 'creative class' : a European perspective. *International Journal of Urban and Regional Research*, Wiley, 2010.

acceptable de pollution et de sécurité, autant d'éléments évoqués par les élus au début de cette journée.

II-L'exemple de Toulouse

Toulouse est actuellement considérée comme un succès grâce au PIB local généré par les entreprises dans le domaine du spatial et de l'aéronautique. Si l'on veut donner quelques éléments d'histoire locale susceptibles d'éclairer le succès d'aujourd'hui, il faut, comme pour la Silicon Valley, remonter aux années 1900, ce qui n'est pas un hasard : on cherche aujourd'hui des solutions à court terme alors que ces succès s'enracinent dans une histoire plus profonde.

Toulouse est alors une ville peu industrialisée, capitale d'une région rurale, et dont les entreprises, de petite taille (quelques personnes), se spécialisent dans la voiture à cheval et dans les chapeaux pour dames.

Un des premiers facteurs qui joue dans le développement du système économique local a trait à l'université. Dans les années 1870, la France possédait non pas une université, mais un système de facultés assez modestes et mal financées. La troisième République tente de reconstruire des universités en France pour rivaliser avec les universités allemandes, que l'on rend responsables de la défaite française de 1870. C'est un premier cas de mise en concurrence des territoires par l'État. L'État promet de construire quelques grandes universités (cinq ou six) dans les villes qui consacreraient le plus d'efforts à restaurer leurs facultés. Montpellier se ruine ainsi dans ce type de travaux. Finalement, toutes les villes qui possèdent des facultés jouent le jeu et se voient dotées d'universités. La loi de 1896 crée 15 universités sur le pays. Cette compétition sert à créer beaucoup de bâtiments, mais ne crée aucun avantage pour les villes. Toulouse fait partie de cette vague de construction d'universités.

Elle se démarque en revanche dans la création d'instituts techniques des facultés des sciences, qui sont devenus aujourd'hui de prestigieuses écoles d'ingénieurs.

Une politique municipale associée à une forme de lobbying de la part des professeurs de science aboutit au fait qu'à Toulouse se créent trois instituts techniques de la faculté, dont un en électricité, qui connaît un développement considérable et dont les traces sont encore visibles dans les unités de recherche toulousaines des départements d'ingénierie du CNRS.

Ce sont donc les politiques locales qui jouent un rôle fondamental : c'est la municipalité qui fonde une chaire d'université en 1907 et qui, pendant 20 ans, la finance et lui permet de se développer. Cette politique locale est actionnée et suscitée par des universitaires et permet le développement d'un système universitaire d'avant-garde pour l'époque.

L'objectif de cette politique municipale est de rivaliser avec Grenoble, qui connaissait un développement considérable dans le domaine de l'électricité. De même que Grenoble s'appuyait sur les Alpes pour développer l'hydro-électricité, Toulouse comptait s'appuyer sur l'hydro-électricité des Pyrénées.

Cette ambition s'effondre totalement lorsque les installations d'hydro-électricité des Pyrénées commencent à être construites par des industriels grenoblois, limitant le développement économique de cette industrie à Toulouse. Toulouse se trouve néanmoins pourvue d'une activité de recherche surdimensionnée dans les domaines de l'électricité, de l'ingénierie, puis de l'électronique et de l'automatique.

Le succès actuel de Toulouse est finalement né d'échecs relatifs.

En parallèle se développe une autre ambition : le développement d'une industrie aéronautique, grâce à Pierre-Georges Latécoère (1883-1943), un industriel venu de Bagnères-de-Bigorre pour avoir plus d'ouvriers pour une usine dédiée à la fabrication de wagons. Fils d'un élu de Bagnères bien inséré dans le réseau national, il reçoit, en 1917, une commande d'avions de la part du gouvernement après un lobbying politique. Le gouvernement lui affecte un technicien, Émile Dewoitine (1892-1979), pour lui expliquer comment faire des avions, qui n'étaient pas exactement son cœur de métier. Dewoitine fonde ensuite sa propre entreprise. Les avions issus de la commande gouvernementale initiale n'ont pas de grande utilité immédiate, puisque la guerre arrive bientôt à sa fin ; on les réaffectera à la transmission du courrier.

Cette industrie aéronautique est rejointe, en 1963, par la politique qui décentralise à Toulouse un certain nombre d'écoles du secteur aéronautique et spatial, et crée un important centre d'études spatiales. Ce dernier est appelé à une très grande postérité et peut enfin tirer parti de la masse de diplômés produits à flux continu par l'Université depuis le début du siècle, et qui ne sont pas très présents dans l'industrie aéronautique.

On retrouve une logique de compétition nationale : à partir des années 1950, les gouvernements considèrent qu'on peut décentraliser des centres de recherche et des écoles, que les villes se battent pour récupérer. Grenoble obtient ainsi, sous le nez de Toulouse, un centre d'études nucléaires. Ce sont les services de la préfecture régionale, cherchant des solutions de développement économique (nucléaire, gaz…), et sous l'influence des universitaires, qui pensent que la présence d'écoles aéronautiques servirait l'activité aéronautique, par ailleurs, à l'époque, relativement limitée, de la ville. Ils réactivent de manière presque cynique le mythe de Toulouse capitale de l'aéronautique, et obtiennent de l'État cette décentralisation de centres de recherche. Le transfert est facilité par la présence d'Émile Pelletier, ancien préfet de région, dans le gouvernement de De Gaulle en 1958.

Dans un contexte où les villes sont mises en concurrence par l'État, Toulouse tire donc son épingle du jeu. Le tout prend finalement forme à l'ère du numérique où Toulouse recrute des ingénieurs locaux formés dans le système de recherche en ingénierie locale, et qui font émerger l'idée d'intensifier la présence de l'électronique dans les avions, aboutissant au succès de l'Airbus A320, que l'on pilote un peu comme un jeu vidéo.

Finalement, et en guise de conclusion, que peut-on tirer de ces deux exemples ? Les politiques d'attractivité, de manière générale, ne fonctionnent pas, ou alors de manière très aléatoire. Il faut se méfier de ces solutions qui semblent idéales sur le papier. Ce qui compte, c'est peut-être plus la construction d'une capacité de travail et d'une compétence locale. La présence d'une force de travail, l'investissement dans la formation, aboutit à un système performant selon les indicateurs habituels (y compris les plus récents comme la création de start-ups)... soixante-dix ans plus tard, au moins dans le cas de Toulouse. L'encouragement à la formation et à la création locales semble donc plus efficace que de tenter d'attirer à tout prix des personnes excellentes venues de l'extérieur.

Ce qui est vrai pour Toulouse est certainement vrai pour des villes de taille comparable, voire plus petite, pour lesquelles l'enjeu principal est de fixer les jeunes après leur baccalauréat, en particulier si elles ne possèdent pas de structures d'enseignement supérieur.

Miser sur les ressources locales, en augmentant le niveau de qualification, semble donc être la bonne méthode. Le développement économique n'est pas simplement l'affaire des entreprises et des politiques économiques, il est le fait de l'ensemble des politiques locales.

Partie 2

Le développement économique des territoires : les interactions entre collectivités

Chapitre 1

Quelle cohérence entre acteurs européens,

nationaux et locaux ?

La complexité des jeux d'acteurs dans l'écosystème territorial

Fabien NADOU
Professeur associé en Développement Territorial et d'Economie Régionale, Département Economie, Territoires et Développement Durable, EM Normandie – UGEI

Je vais commencer par une anecdote assez éclairante sur les rapports sociaux. Je travaille en Normandie, je réside à Tours et je dois aller en colloque à Limoges. Train : 3h40, voiture 2h45. Voiture : A10 concédée à Vinci ; N147 compétence départementale ; la D947 pour couper et rejoindre Bellac, puis aller à Limoges. Un simple trajet, relativement court, tel que celui-ci, illustre parfaitement la complexité de la situation.

Une fois arrivé près de Poitiers via l'A10, je me suis rappelé qu'à Poitiers, il y a juste vingt ans, je commençais à avoir cours avec Olivier Bouba-Olga et Pascal Chauchefoin, ici présent. Vingt ans avaient passé depuis les premières lois de décentralisation. L'Université de Poitiers et ses enseignements était déjà marquée par la complexité des acteurs et des niveaux de compétence : droit de la décentralisation et des collectivités territoriales, développement économique territorial, …

La notion de complexité n'est pas toujours un obstacle, malgré ce que l'on est souvent tenté de penser.

Mon intervention sera ainsi centrée sur la complexité des jeux d'acteurs, qui forment ce que l'on pourrait appeler « l'écosystème territorial ».

Pour repartir, comme d'autres interventions, de la définition du territoire, il est utile de rappeler que la réflexion des années 1980 voit le territoire comme un système de régulation infra-national. En réalité, ce système de régulation est souvent imposé par la norme, les lois (lois de Décentralisation par exemple). On a, en un sens, forcé les acteurs à se rassembler pour ce fameux projet de territoire évoqué par M. Guérin tout à l'heure. Le pouvoir central, l'État, joue comme un imposeur de normes à l'échelle locale. Les acteurs locaux ont le devoir, ou la possibilité, de suivre ces normes pour se mettre en action et définir un projet.

On voit donc apparaître un arsenal législatif pour encadrer l'aménagement et le développement économique du territoire : la loi Chevènement (1999), fondatrice pour les communautés d'agglomération, donne compétence obligatoire en matière de développement économique et d'aménagement de l'espace. En d'autres termes, le transfert de la stratégie d'État du développement vers les collectivités (les communautés d'agglomération, les intercommunalités) est édicté par le pouvoir central, à charge de proposer un projet de territoire pour rendre possible cette mise en œuvre du développement économique et d'aménagement de l'espace. Le jalon suivant est Grenelle (décret d'application de 2003). L'arsenal législatif ne cesse de se renforcer dans les années 2000, en matière économique et en matière d'aménagement du territoire.

Il en résulte que les collectivités locales, et les EPCI en tout cas, ont de plus en plus de compétences et assoient une forme de pouvoir, ou de contre-pouvoir à l'État.

Pour illustrer ce propos, je convoque une illustration de Rudy Guedj

Rudy Guedj, 2010

Elle est assez emblématique des relations entre États, Régions, intercommunalités, … et elle soulève plusieurs problèmes :

- Un problème ***d'alignement des pouvoirs et des compétences*** : la décentralisation apparaît, en un sens, contre ou avec le pouvoir central ; ou l'État local présent via les services déconcentrés. La machinerie est donc marquée par la complexité des acteurs. Apparaissent les compétences partagées : la Région, chef de file du développement économique depuis la loi NOTRe de 2015 ; les métropoles, via la loi MAPTAM de 2014, sont les porte-drapeaux de la Start-up nation (affirmation du renouveau schumpeterien : les métropoles attirent, ont la capacité d'investissement. Olivier Bouba-Olga nous expliquait déjà en 2001 la force des métropoles, qui, agglomérées, auraient la capacité d'investissement menant à une utopique Silicon Valley). Le département n'a plus le développement économique, mais a le tourisme, qui paraît presque paradoxal, comme si dans de nombreux territoires à forte économie résidentielle, le tourisme n'était pas du développement économique… En bref, dans un contexte de renforcement des compétences régionales, mais d'effacement relatif du département, cantonné au domaine social et touristique, mais toujours échelon de référence dans de nombreux territoires, les jeux de pouvoirs sont particulièrement intenses.

- Un problème de ***coordination*** entre un certain nombre de formes de territoires (que l'on cherche à définir depuis le début). Notre définition du territoire est très normée, très administrative, mais la petite anecdote personnelle qui a servi d'accroche à cette communication illustre bien le fait que le territoire est aussi un espace vécu. Le territoire vécu ne correspond évidemment pas aux limites administratives du territoire. Ce choc pose des problèmes de coordination, ou, pour parler de manière plus actuelle, de gouvernance.

  La coordination est aussi délicate entre les acteurs eux-mêmes : public/public, public/privé… Qui fait quoi, à qui concéder quoi ? La gestion de l'eau en régie, la présence de Suez, de la Générale des eaux, est un exemple éloquent de cette difficulté de coordination.

  Il nous faut enfin coordonner l'action dans sa temporalité : les agendas politiques, l'incitation à travailler dans l'urgence, se prêtent mal à l'action sur le temps long que l'on aimerait souvent développer. C'est ce qui explique par exemple que quand des chefs d'entreprises deviennent élus ou sont confrontés à des élus, ils ne comprennent pas l'agenda politique et les inerties qui sont liées.

  On demande de plus en plus de coordination horizontale à un même niveau, par solidarité, par durabilité…
- Un problème de ***régulation*** entre les acteurs. Projets et territoires sont sélectionnés par le biais d'appels à projet, avec un syndrome de compétitivité, d'attractivité, de métropolisation. Le syndrome de l'attractivité est issu de 2001, lorsque la « Stratégie de Lisbonne » voulait faire de l'Union Européenne la première

économie mondiale en termes de connaissances et d'innovation. On soutient donc l'idée que les territoires doivent être poussés pour être les meilleurs dans les domaines de l'innovation, de l'économie, de la connaissance. On en est aujourd'hui à un blocage : tout le monde veut être *smart*, innovant, mais ne sait pas comment faire. Il en résulte des problèmes d'équité territoriale et de solidarité. Le système de digitalisation et d'économie de plateforme qui est le nôtre aujourd'hui ajoute une couche de problèmes : pour reprendre l'exemple routier qui nous a servi d'ouverture, l'utilisation de l'application Waze pose énormément de problèmes pour la politique de mobilité et de transports dans certaines villes, qui construisent les villes pour contourner les problèmes principaux et aller plus vite : or, Waze pousse le conducteur à prendre un autre itinéraire, détournant vers les habitations un important trafic de camions, de livreurs, de logistique…

La défaillance du marché, la crise des politiques publiques, sont également un blocage, qu'on ne développera pas ici, mais qui interroge la capacité des territoires à orienter leur stratégie de développement économique.

Ces trois problèmes nous conduisent au besoin d'intermédiation. Noël approche : essayez d'acheter des Lego, des Playmobil et des Meccano, et de faire « travailler » les trois ensemble. C'est exactement le problème qui se pose aux territoires actuellement : leurs échelles, leur fonctionnement et leurs temporalités sont différents et plus ou moins ergonomiques. Notre approche a souvent été très sectorisée, ce qu'a rappelé ici Giuseppe Bettoni. Que le tourisme reste en-dehors de la compétence économique paraît être un exemple emblématique à cet égard.

Se pose la question de la territorialisation des politiques publiques : comment ramener, dans un territoire qui a la compétence, une politique publique, et comment la fabrique-t-on avec des besoins qui correspondent à ce territoire, comme le rappelait Michel Grossetti, plutôt que d'attirer des gens venus de l'extérieur ? Comment mobiliser des ressources territoriales et locales et les valoriser ?

Sans entrer plus avant dans ce débat, il est également important de rappeler que croissance et développement durable ne fonctionnent pas ensemble. La voiture électrique, pleine de matières rares exploitées dans le Pacifique à 5 000 mètres de fond ou par des enfants en Afrique, ne correspond pas exactement -et c'est un euphémisme- à l'image du développement durable, malgré ce que l'on aimerait croire.

Conclusion : comment créer de l'intermédiation territoriale, en associant les différents dispositifs de développement économique, les territoires d'industrie (148 labels) et les 71 pôles de compétitivité qui ont émergé à partir de 2005 ? Comment arrimer ces deux politiques publiques ? Le rôle de la planification, de l'aménagement du territoire (ou des territoires), sont certainement des solutions d'anticipation et de stratégie de développement économique à l'échelle des territoires.

Je finis par une petite histoire :

« *Après une longue marche, l'enfant fatigué demande à son père :*

– C'est encore loin le territoire ?

– Oui, c'est encore loin, répond le père. »

Mais, comme nous le rappellent Nadine Levratto et Denis Carré[2], loin d'être le réceptacle passif de l'action des individus, trop souvent associés à une vision administrative, le territoire devient ainsi un outil d'analyse et de conception de l'action publique dont les parties prenantes peuvent s'emparer. Claude Lacour rajoute à cette citation : « *je comprends, dit l'enfant. C'est encore très loin, le territoire. Mais es-tu certain qu'il existe vraiment ?* »[3].

---

[2] Nadine Levratto, Denis Carré (dirs), 2011, *Les performances des territoires. Les politiques locales, remèdes au déclin industriel.*

[3] Claude Lacour, « La chronique de Claude Lacour », *Revue d'Économie Régionale & Urbaine*, 2018/5-6 (Décembre), p. 1407-1425. DOI : 10.3917/reru.185.1407. URL : https://www.cairn.info/revue-d-economie-regionale-et-urbaine-2018-5-page-1407.htm.

Un développement pluriel, multi-acteurs, multi-niveaux

Pierre BAUBY
Enseignant-chercheur associé à l'Université Paris VIII et à Sciences Po.,
Fondateur de "Reconstruire l'Action Publique" (RAP)

Pour éclairer le thème de notre séance consacrée au développement économique des territoires, je voudrais commencer par interroger la notion de « développement économique ». A l'évidence, il s'agit d'un concept pluriel.

Un développement pluriel

Quand on parle de développement, on fait d'abord référence à sa dimension économique. Celui-ci est mesuré par un outil assez frustre, le PIB (Produit intérieur brut)[4]. Mais on ne peut avoir de croissance économique que si la stratégie de développement est indissociablement à la fois économique, sociale, sociétale, environnementale, bref réellement durable et soutenable.

Mais il ne suffit pas de vouloir faire converger toutes ces dimensions. Pour réellement converger, il faut prendre en compte le fait qu'existent de réelles tensions et contradictions entre ces différents aspects.

Le premier prérequis d'un développement soutenable est d'organiser l'expression de la diversité des attentes, aspirations et besoins de tous les acteurs et de toutes les institutions auxquelles ils participent et expriment leurs appartenances.

---

[4] Pierre Bauby, Alain de Toledo, *Prélèvements obligatoires / PIB : déconstruire les « évidences »*, Fondation Jean-Jaurès, octobre 2015.

Cette étape franchie, il faut organiser la confrontation, le débat entre les différentes options possibles, les compromis qui peuvent être définis, les alliances qui peuvent être nouées… Cette participation démocratique multi-acteurs et multi-niveaux doit permettre de faire émerger des choix, des scénarios, des alternatives, qui permettront aux institutions de rendre des arbitrages, de définir de véritables stratégies de développement et de décider de leur mise en œuvre. Une stratégie sera d'autant plus efficace qu'elle aura été co-construite avec toutes les parties prenantes.

Sortir d'une double tradition française mortifère

Il ne faut pas se cacher qu'une telle démarche se heurte à de nombreuses difficultés et à de réels obstacles. Si l'on regarde la situation en France, on constate qu'existent de longue date deux logiques qui limitent fortement l'émergence de stratégies dynamiques.

D'abord une logique de « silos », consistant à concevoir et organiser séparément chaque domaine d'activité sans prendre en compte leurs réelles interactions : l'éducation et la santé, la sécurité et la justice, l'eau et l'énergie, les transports et le changement climatique… on pourrait multiplier les exemples de ces cloisonnements et des corporatismes qu'ils induisent, empêchant l'émergence et la mise en œuvre de stratégies intégrées.

S'ajoute à ce premier blocage, une logique de « châteaux forts », chaque territoire, chaque institution, chaque collectivité cherche à se constituer un monopole de compétences exclusives et à concentrer pouvoirs et moyens au détriment des autres : les conseils régionaux en matière de transports, les conseils départementaux pour tout ce qui concerne le social, les intercommunalités en matière d'approvisionnement et de distribution d'eau, l'Etat pour toute l'éducation, l'Union européenne en matière de concurrence, etc.

Il en résulte des tendances à développer des dynamiques de guerres de tranchées là où il faudrait promouvoir des coopérations et des abondements de moyens. Ces deux logiques sont mortifères pour toute recherche de stratégies dynamiques. J'ai pris l'exemple de la France, qui est sans doute particulièrement caricatural en la matière, tant il est ancré dans le temps long. J'en prends pour illustration une région comme le Périgord dans laquelle chaque promontoire est surmonté d'immenses châteaux forts, qui se font face, se surveillent, se protègent, à la manière des châteaux de Castelnaud et de Beynac, de chaque côté de la Dordogne, le premier qui a été sous domination anglaise et le second française au XIIe siècle pendant la Guerre de Cent ans.

Cela a-t-il été si différent dans les autres pays européens ? Les participant du réseau Europa pourront en témoigner !

Une gouvernance multi-niveaux

Dans aucun domaine d'action publique il n'existe qu'UN seul territoire pertinent qui devrait concentrer tous les pouvoirs et moyens, mais des territoires qui doivent converger dans des dynamiques multi-niveaux.

Prenons l'exemple des réseaux d'infrastructures, qu'il s'agisse de transports, d'énergie, de communications, d'eau ou d'assainissement. Aucun n'est un réseau uniquement local. L'exemple de l'électricité, que je connais quelque peu, est tout à fait significatif : la production est territorialisée, mais les réseaux de transport et de distribution sont interconnectés aux échelles régionales, nationales, de l'Union européenne et même à travers la Sibérie jusqu'au Pacifique. Ces interconnexions impliquent un suivi et une régulation coordonnés entre tous les niveaux, car le moindre incident technique peut amener des black-out pouvant se généraliser.

Il ne faut donc pas confier la responsabilité du fonctionnement et de l'équilibre du système à un seul niveau territorial, mais organiser des emboitements multi-niveaux, des responsabilités partagées.

C'est ainsi que le Conseil économique et social européen (CESE) vient de demander à la Commission « pour assurer le pilotage de l'équilibre général du système et de la continuité de fourniture des réseaux de transport à très haute tension à l'échelle de l'UE, de mettre à l'étude l'hypothèse d'un opérateur transeuropéen des réseaux de transport d'électricité à très haute tension, à la fois intégré et décentralisé » [5].

Ici, il semble intéressant de faire référence au concept d'« autorités organisatrices ». Développé au plan européen au départ dans le domaine des transports, il apparaît pertinent à condition de ne pas déboucher sur de nouvelles féodalités, mais sur des dynamiques démocratiques. On pourrait ainsi définir clairement, au cas par cas, car chaque domaine et chaque territoire comportent des spécificités historiques, techniques, sociales ou environnementales, des « autorités organisatrices ». Elles ne devraient pas monopoliser pouvoirs et moyens, mais être responsables de l'organisation de la participation de tous les « utilisateurs » (gouvernance pluri-acteurs) et des différents

---

[5] Avis TEN/732, Révision des orientations du règlement RTE-E, 24 mars 2021

niveaux concernés (gouvernance multi-niveaux). Elles devraient endosser la responsabilité des choix.

Un développement territorialisé

Concevoir, définir et mettre en œuvre un développement durable à la fois économique, social, sociétal et environnemental implique de changer de logiciel par rapport à ce que nous avons longtemps connu.

D'abord sortir des logiques de silos, de châteaux forts, de compétences exclusives, d'uniformité, pour élaborer des solutions sur-mesure partant des réalités et des enjeux de chaque situation, de chaque territoire.

Lorsqu'existent des irrégularités, réglementons, normalisons, utilisons l'intelligence artificielle, régulons,
En même temps, libérons l'intelligence collective :

› faisons confiance aux acteurs,
› multiplions les délibérations plurielles,
› développons la dialectique unité/diversité.

Développement économique et politiques européennes

Marie PROKOPIAK
Maître de conférences à l'Université de Limoges

Le développement économique des territoires, singulièrement des régions, est au cœur du projet d'intégration porté par l'Union européenne[6]. En 1957, les États signataires du traité de Rome se déclarent déjà « *soucieux de renforcer l'unité de leurs économies et d'en assurer le développement harmonieux en réduisant l'écart entre les différentes régions et le retard des moins favorisées* »[7]. Ils adoptent ainsi une conception territoriale du développement économique, suivant une logique de solidarité[8], et confient à la Communauté économique européenne (CEE) la mission « *de promouvoir un développement harmonieux des activités économiques* » [9] au sein du futur marché intérieur. Les traités originaires n'attribuent néanmoins aucune compétence formelle à la CEE pour définir et conduire une véritable politique d'aide aux régions en retard de développement, partant de l'idée que la libéralisation des échanges entre les États membres permettra de réduire d'elle-

---

[6] G. Guillermin, H. Oberdorff (dir.), *La cohésion économique et sociale : une finalité de l'Union européenne*, Paris, La Documentation française, 2000.
[7] Traité instituant la Communauté économique européenne (TCE), Préambule, consid. 5.
[8] H. Oberdorff, « La cohésion économique, sociale et territoriale, instrument de la solidarité européenne » et S. Leclerc, « La politique régionale, régions, États et solidarité », in C. Boutayeb (dir.), *La solidarité dans l'Union européenne, Éléments constitutionnels et matériels*, Dalloz, 2011, respectivement p. 283 et 295.
[9] TCE, art. 2.

même ces disparités régionales, en stimulant la croissance et la création d'emplois[10]. Tout au plus est-il envisagé la création d'une Banque européenne d'investissement (BEI), chargée notamment de faciliter le financement de projets contribuant à « *la mise en valeur des régions moins développées* »[11]. En revanche, les traités fondateurs encadrent déjà très étroitement les interventions des collectivités territoriales dans l'économie, en particulier l'octroi d'aides aux entreprises, de sorte à prévenir toute distorsion de concurrence dans le marché intérieur[12].

Ce sont principalement les conséquences socio-économiques du premier élargissement de la CEE qui conduisent les chefs d'État et de gouvernement à reconnaître la nécessité d'une politique régionale en Europe. La Déclaration du Sommet de Paris des 19 et 20 octobre 1972 souligne l'impératif de remédier « *aux déséquilibres structurels et régionaux qui pourraient affecter la réalisation de l'union économique et monétaire* »[13], spécialement au moyen d'instruments financiers. La construction de la politique régionale se réalise alors de manière empirique avec la mise en place en 1975 du Fonds européen de développement régional (FEDER) et d'un comité de politique régionale devant contribuer à la coordination des actions des États membres[14]. Il faut attendre l'Acte unique

---

[10] H. Pongérard-Payet, « La politique régionale et de cohésion : étude rétrospective d'une politique-clé au service de l'Europe », *Rev. UE*, 2018/619, p. 351 ; W. Deffaa, « 60 ans de politique régionale européenne », *R.D.U.E.*, 2018/4, p. 11.

[11] Art. 267 TCE, devenu art. 309 TFUE.

[12] Voir not. V. Coussirat-Coustère, « Les aides locales aux entreprises face au droit communautaire », *AJDA*, 1985, p. 17 ; R. Lagrange, « CEE et action économique des collectivités territoriales », *AJDA*, 1991, p. 846.

[13] Déclaration du sommet de Paris (19 au 21 oct. 1972), *Bull. des Communautés européennes*, oct. 1972, n° 10.

[14] Règlement (CEE) n° 724/75 et décision (CEE) n° 185/75 du Conseil du 18 mars 1975 portant respectivement création d´un Fonds européen de développement régional et d´un Comité de politique régionale, *JOCE* L.73 du 21 mars 1975, p. 47.

européen pour que soit formellement établie une compétence communautaire en matière de cohésion économique et sociale, puis le traité de Lisbonne pour que la dimension territoriale de cette politique soit pleinement consacrée dans le droit primaire. Depuis lors, la part de budget de l'Union européenne correspondant à la politique de cohésion n'a cessé de croître à chaque nouvelle programmation, celle-ci atteignant 392 milliards d'euros pour la période 2021-2027 [15]. Les institutions européennes se montrent dans le même temps soucieuses de renforcer l'efficacité de leurs interventions, en assignant à la politique de cohésion des objectifs stratégiques précis et en encadrant plus étroitement l'utilisation des Fonds européens par les États membres : celle-ci est régie par un ensemble de principes directeurs (additionnalité, concentration, programmation, partenariat), qui contribuent à renforcer la valeur ajoutée de la politique de cohésion[16] et conduisent également à repenser les relations entre les acteurs du développement régional, en les inscrivant dans une dynamique de gouvernance à plusieurs niveaux[17].

L'approfondissement de la politique de cohésion a ainsi permis à l'Union européenne de s'affirmer comme un partenaire incontournable des collectivités territoriales[18], leur permettant de mener avec le concours des Fonds européens – mais toujours

---

[15] Règlement (UE, Euratom) 2020/2093 du Conseil du 17 déc. 2020 fixant le cadre financier pluriannuel pour les années 2021 à 2027, *JOUE* L. 433 I/11 du 22 déc. 2020.

[16] A. Dumartinet, « La PAC et la politique de cohésion après 2020 : l'exigence accrue de valeur ajoutée européenne à l'épreuve des principes de subsidiarité et de proportionnalité », *Gestion & Finances Publiques*, n° 4, 2020, p. 79.

[17] D. Lhomme, « La politique régionale européenne : De l'ancrage à l'adaptation. Plaidoyer pour une gouvernance simplifiée ? » in E. Cherrier, S. Guérard (dir.), *La régionalisation en Europe*, Bruxelles, Bruylant, 2014, p. 65.

[18] J. Bourrinet, « Les collectivités territoriales françaises et la politique de cohésion économique et sociale de l'Union européenne », *Rev. aff. eur.*, 2006, p. 483.

dans le cadre d'une concertation étroite avec les autorités nationales – leurs politiques de développement économique. En retour, l'Union européenne s'autorise, en quelque sorte, à exercer des « *pressions adaptatives* »[19] sur la gestion publique des territoires, en vue de promouvoir un certain modèle de croissance économique. Le *Pacte vert pour l'Europe*, présenté par la Commission européenne le 11 décembre 2019, constitue aujourd'hui l'une des principales priorités politiques de l'Union. Il est même défini par les institutions européennes comme une « *nouvelle stratégie de croissance qui vise à transformer l'UE en une société juste et prospère, dotée d'une économie moderne, efficace dans l'utilisation des ressources et compétitive, caractérisée par l'absence d'émission nette de gaz à effet de serre d'ici 2050 et dans laquelle la croissance économique sera dissociée de l'utilisation des ressources* »[20]. Cette stratégie donne ainsi une orientation aux politiques économiques des États membres, l'objectif étant de les faire converger vers ce modèle de croissance durable et inclusive. Certes, l'approche adoptée par les institutions européennes n'est pas nouvelle : elle « *s'inscrit dans la continuité des choix de croissance économique faits par les institutions depuis le début du marché commun, mais elle en infléchit le cours pour réunir en un cercle vertueux les*

---

[19] H. Aïssaoui, « L'élargissement européen au prisme des fonds structurels : vers une européanisation de la gestion publique du territoire en Pologne ? », *Politique européenne*, 2005/1, p. 62. V. également A. Tosello-Moes, « L'influence de l'Union européenne sur la territorialisation des politiques publiques en France », *Rev. UE*, 2014/576, p. 178.

[20] Commission européenne, Communication au Parlement européen, au Conseil, au Comité économique et social européen et au Comité des régions, « Un Pacte vert pour l'Europe », COM(2019) 640 final, Bruxelles, 11 déc. 2019, p. 2. Voir not. F. Chaltiel, « 2020, année climatique », *Rev. UE*, 2020/635, p. 65 ; P. Thieffry, « Chronique Droit européen de l'environnement - Le Pacte Vert pour l'Europe », *RTD Eur.*, 2020/2, p. 451.

principales politiques de l'Union »[21]. En d'autres termes, toutes les actions et politiques de l'Union doivent dorénavant concourir, d'une manière ou d'une autre, à cette stratégie de croissance durable suivant une « *approche holistique* »[22]. La crise de la Covid-19 n'a nullement conduit les autorités européennes à dévier de cette trajectoire : le *Pacte vert* demeure au cœur des priorités politiques de l'Union ; il a même vocation à jouer « *un rôle d'aiguillon dans la stratégie européenne de relance économique* »[23]. Dès lors, il peut être intéressant de s'interroger sur l'impact territorial de cette « nouvelle approche », sur les effets que cette dernière est susceptible de produire à l'égard des politiques de développement économique des territoires.

Différents facteurs amènent à considérer que les priorités politiques de l'Union européenne tendent à exercer une influence, plus ou moins directe, sur les choix opérés par les collectivités territoriales en matière de développement économique. D'une part, le soutien financier de l'Union européenne aux projets visant à créer ou soutenir des activités économiques au niveau local devient plus sélectif : il n'est plus accordé au cas par cas, mais en tenant compte des priorités politiques communes à tous les États membres (I). D'autre part, le droit européen des aides d'État – qui intègre lui aussi désormais les objectifs du *Pacte vert* – fixe un cadre juridique contraignant aux initiatives économiques susceptibles d'être prises par les autorités régionales et locales en vue de dynamiser les territoires (II).

---

[21] F. Berrod, « Le green Deal, une nouvelle architecture de la gouvernance climatique des politiques européennes : des anciennes techniques pour un nouveau monde ? », *RFAP*, 2021/3, p. 3.
[22] COM(2019) 640 final, *op. cit.*, p. 20.
[23] A. Colombani, J. Sylvestre, « Le Pacte vert et le plan de relance européen », *Obs. Bxl.*, 2021/2, p. 8.

I. La conditionnalité du soutien financier de l'Union européenne aux politiques de développement économique des territoires

Dans le cadre de la nouvelle programmation des Fonds européens (2021-2027), les projets de développement économique des territoires font l'objet d'une évaluation sous l'angle des grandes priorités politiques de l'Union, qui découlent plus particulièrement du *Pacte vert pour l'Europe* (A). Ainsi, les collectivités territoriales sont vivement encouragées à investir dans des projets qui sont ancrés dans la stratégie de croissance durable de l'Union en vue d'obtenir un cofinancement de la part des institutions européennes (B).

A. La définition d'une nouvelle approche stratégique centrée sur les priorités politiques de l'Union

Pour inciter les États membres à mettre en œuvre les réformes structurelles permettant d'atteindre les objectifs du *Pacte vert*, les institutions européennes recourent à des instruments réglementaires classiques[24], mais mobilisent aussi des outils de gouvernance économique.

Dans sa communication du 11 décembre 2019, qui fait office de première feuille de route, la Commission européenne exprime notamment son intention de « *recentrer le processus de coordination macroéconomique du Semestre européen en vue d'intégrer les objectifs de développement durable des Nations unies afin de placer la durabilité et le bien-être des citoyens au cœur de la politique économique et les objectifs de développement durable au centre de l'élaboration des politiques et de l'action de l'UE* »[25]. Le Semestre européen – qui désigne depuis 2011 le cycle annuel de coordination des politiques

---

[24] Entre autres exemples, le Règlement (UE) 2021/1119 du Parlement européen et du Conseil du 30 juin 2021 établissant le cadre requis pour parvenir à la neutralité climatique et modifiant les règlements (CE) n° 401/2009 et (UE) 2018/1999 (Loi européenne sur le climat), *JOUE* L. 243 du 9 juill. 2021, p. 1.

[25] COM(2019) 640 final, *op. cit.*, p. 3.

économiques, budgétaires, sociales et de l'emploi au sein de l'Union européenne – est dès lors conçu comme un levier pour atteindre les objectifs de croissance durable. Sans entrer dans une analyse très détaillée de ce dispositif[26], il convient d'en rappeler brièvement la logique. Au cours du premier semestre de l'année, les institutions européennes formulent des orientations politiques générales sur la base de l'examen annuel de la croissance présenté par la Commission européenne. Les orientations actuelles s'articulent autour de l'objectif de « *durabilité compétitive* » [27] , lequel comporte quatre dimensions qui participent étroitement de la stratégie de croissance durable découlant du *Pacte vert pour l'Europe* : la transition écologique ; la productivité et l'innovation, particulièrement dans le domaine du numérique ; l'équité du processus de reprise et de transition ; la stabilité macroéconomique. Les États membres sont invités à prendre en considération ces grandes orientations politiques au moment d'élaborer notamment leurs programmes nationaux de réforme (PNR), lesquels rendent compte des progrès accomplis et présentent les projets de réformes structurelles en faveur de la croissance et de l'emploi. Les PNR sont ensuite transmis à la Commission européenne, qui les évalue et formule des propositions de recommandations par pays pouvant couvrir la quasi-totalité des politiques publiques en matière économique et

---

[26] Voir not. F. Allemand, F. Martucci, « La nouvelle gouvernance économique européenne », *C.D.E.*, 2012/1, p. 17 ; L. Fromont, « Section II. - Le glissement d'une logique de coordination vers une logique d'intégration » in *La gouvernance économique européenne*, Bruxelles, Bruylant, 2022, p. 163.

[27] Commission européenne, Communication au Parlement européen, au Conseil, au Comité économique et social européen et au Comité des régions et à la Banque européenne d'investissement, « Examen annuel 2022 de la croissance durable », COM(2021)740 final, Bruxelles, 24 nov. 2021. Ces orientations visent à poser les bases d'« *une reprise durable, équitable et inclusive et de rendre l'économie de l'UE plus résiliente face aux chocs futurs tout en transformant nos économies et nos sociétés de manière conforme aux ambitions de la double transition* ».

sociale. Il revient enfin au Conseil de l'Union d'examiner ces propositions et d'adopter formellement au mois de juillet – après approbation du Conseil européen – les recommandations par pays. Au cours du second semestre, chaque État membre s'efforce d'intégrer les recommandations qui lui sont adressées par les institutions européennes dans son budget général pour l'exercice suivant. C'est ainsi que les priorités d'action communes, définies dans le cadre du Semestre européen, peuvent exercer une influence sur le contenu des politiques de développement économique menées aux niveaux national et local.

Dans le cadre d'une analyse conduite en 2018 portant sur l'impact territorial des recommandations par pays[28], le Comité des Régions est parvenu à établir, plus précisément, que 36 % d'entre elles sont directement adressées aux collectivités territoriales, tandis que 83 % ont une dimension régionale ou locale. L'influence des recommandations par pays sur les politiques de développement économique des territoires est d'ailleurs amenée à se renforcer dans les années à venir, les institutions de l'Union établissant une liaison plus étroite entre l'octroi des Fonds européens et les réformes structurelles à mettre en œuvre au sein des États membres pour atteindre les objectifs du *Pacte vert pour l'Europe*.

B. L'adaptation des modalités d'attribution des Fonds européens concourant au développement économique des territoires

La nouvelle programmation des Fonds européens (2021-2027) s'inscrit résolument dans la stratégie de croissance durable promue par l'Union européenne. La politique de cohésion est en effet recentrée autour de cinq objectifs, qui recoupent, dans une large mesure, les priorités politiques définies dans le cadre du

[28] Avis du Comité européen des régions, « Réexamen de la gouvernance économique », (2021/C 37/05), *JOUE* C.37/28 du 2 fév. 2021.

Semestre européen : « *a) une Europe plus compétitive et plus intelligente* […] *; b) une Europe plus verte, résiliente et à faibles émissions de carbone* […] *; c) une Europe plus connectée par l'amélioration de la mobilité ; d) une Europe plus sociale et inclusive mettant en œuvre le socle européen des droits sociaux ; e) une Europe plus proche des citoyens, par la promotion du développement durable et intégré de tous les types de territoires et des initiatives locales* » [29]. Le règlement établissant les dispositions communes pour les sept Fonds européens en gestion partagée (RPDC) comporte d'ailleurs différents dispositifs visant à garantir que les projets cofinancés par l'Union européenne répondent de manière effective à ces défis communs. Ainsi, le règlement prévoit qu'il doit être tenu compte des recommandations par pays lors de l'élaboration des accords de partenariat – lesquels définissent les objectifs stratégiques et les modalités d'utilisation des Fonds européens –, ainsi que dans la perspective d'un examen à mi-parcours des programmes opérationnels conduits aux niveaux national et régional[30]. De plus, les demandes de paiement ne peuvent être adressées à la Commission européenne que si des conditions préalables dites « *favorisantes* »[31] sont remplies. Certaines sont horizontales (ex : application effective des règles en matière de marchés publics et d'aides d'État ; mise en œuvre de la Charte des droits fondamentaux de l'Union). D'autres conditions sont thématiques et se rapportent aux objectifs stratégiques de la politique de

---

[29] Règlement (UE) 2021/1060 du Parlement européen et du Conseil du 24 juin 2021 portant dispositions communes relatives au Fonds européen de développement régional, au Fonds social européen plus, au Fonds de cohésion, au Fonds pour une transition juste et au Fonds européen pour les affaires maritimes, la pêche et l'aquaculture, au Fonds « Asile, migration et intégration », au Fonds pour la sécurité intérieure et à l'instrument de soutien financier à la gestion des frontières et à la politique des visas, *JOUE* L.231/159 du 30 juin 2021, p. 159.

[30] *Ibid.*, art. 12 et 18.

[31] *Ibid.*, art. 15.

cohésion (ex : élaboration d'un plan national ou régional pour le haut débit ; planification globale des transports ; mise en place de cadres stratégiques visant à soutenir la rénovation énergétique des bâtiments ou à optimiser la gestion des déchets ; conception de cadres stratégiques permettant d'améliorer l'accès au marché du travail ou la qualité des systèmes d'éducation et de formation). Cette nouvelle programmation vient ainsi confirmer l'idée selon laquelle la politique de cohésion ne représente plus seulement aujourd'hui un instrument de redistribution entre les territoires, mais un véritable levier de la stratégie européenne de croissance durable[32].

Il est intéressant d'observer que la même logique anime la Facilité pour la reprise et la résilience (FRR), qui constitue la pièce maîtresse du plan de relance de l'économie européenne (Next Generation EU) [33] et une nouvelle opportunité de financement pour les projets de développement économique des collectivités territoriales. Doté de 672,5 milliards d'euros, ce Fonds est destiné à soutenir les réformes et les investissements permettant d'atténuer les conséquences économiques et sociales de la crise de la Covid-19, ainsi qu'à promouvoir « *la croissance durable et l'intégration des économies de l'Union* »[34]. La FRR est structurée en six piliers, qui correspondent parfaitement aux priorités politiques communes : « *a) la transition verte ; b) la transformation numérique ; c) la croissance intelligente, durable et inclusive* […] *; d) la cohésion sociale et territoriale ; e) la santé et la résilience économique, sociale et institutionnelle* […]

[32] Voir en ce sens S. De La Rosa, « Le droit de l'Union saisi par l'objectif de croissance », in *L'Union européenne et le fédéralisme économique*, Bruxelles, Bruylant, 2015, p. 381., spéc. p. 401.

[33] F. Martucci, « La crise de la Covid-19 et le changement de paradigme financier induit par le plan de relance », in E. Dubout, F. Picod, *Coronavirus et droit de l'Union européenne*, Bruxelles, Bruylant, 2021, p. 483.

[34] Règlement (UE) du Parlement européen et du Conseil du 12 fév. 2021 établissant la facilité pour la reprise et la résilience, *JOUE* L. 57/17 du 18 fév. 2021, art. 4.

; f) les politiques pour la prochaine génération, les enfants et les jeunes, tels que l'éducation et les compétences »[35]. Pour accéder aux prêts et subventions européens, chaque État membre doit présenter à la Commission européenne un Plan national pour la reprise et la résilience (PNRR) établissant les réformes et les investissements à mettre en œuvre d'ici la fin de l'année 2026. Le législateur européen invite les États membres à associer l'ensemble des parties prenantes au processus d'élaboration des PNRR, particulièrement les autorités régionales et locales qui représentent des « *partenaires importants dans la mise en œuvre des réformes et des investissements* »[36]. Dans le cadre de son examen, la Commission européenne veille à ce que les PNRR s'inscrivent effectivement dans les six piliers de la FRR[37], mais qu'ils présentent aussi une certaine « *cohérence avec les défis et priorités par pays recensés dans le cadre du Semestre européen* »[38]. Partant, il ne fait pas de doutes que la FRR participe également, par l'intermédiaire du Semestre européen, à la stratégie de croissance durable de l'Union : il s'agit de « *tirer profit du besoin de la relance pour accélérer la transition des économies européennes vers un nouveau modèle* »[39]. Par conséquent, les autorités régionales et locales ne pourront bénéficier des nouvelles possibilités de financement offertes par la FRR que si elles souscrivent aux priorités politiques communes et accompagnent en un sens cette transformation.

Appréhendé de manière globale, le mécanisme d'attribution des Fonds européens est donc bien susceptible d'exercer une influence sur les politiques de développement

---

[35] *Ibid.*, art. 3.
[36] *Ibid.*, consid. 34.
[37] A titre d'illustration, chaque PNRR doit consacrer un minimum de 37 % des dépenses en faveur du climat et de 20 % des dépenses en faveur du numérique.
[38] *Ibid.*, art. 17.
[39] S. Adalid, « La flexibilité de la gouvernance économique à l'épreuve de la crise sanitaire », in E. Dubout, F. Picod, *Coronavirus et droit de l'Union européenne*, *op. cit.*, p. 539.

économique des territoires. Il s'agit d'encourager, au moyen d'incitations financières, les collectivités infra-étatiques à s'engager sur la voie d'une double transition verte et numérique. La création d'un Fonds pour la transition juste[40], destiné à soutenir les territoires les plus affectés par le passage à une économie neutre sur le plan climatique, conforte du reste cette analyse. Mais l'Union européenne ne contribue pas seulement à orienter les projets de développement économique des territoires dans un sens conforme aux priorités politiques communes. Elle encadre aussi juridiquement les mesures d'appui au développement économique, de soutien aux entreprises, susceptibles d'être prises par les collectivités territoriales.

II. L'encadrement des politiques de développement économique des territoires par le droit de l'Union européenne

Parmi les nombreux leviers économiques pouvant être actionnés par les autorités régionales et locales pour accroître l'attractivité de leurs territoires, les aides directes ou indirectes aux entreprises continuent d'occuper une place prééminente. Leur usage reste cependant très encadré, tant par les règles de droit interne que par celles du marché intérieur[41]. Les aides publiques locales sont pleinement soumises au droit européen de la concurrence (A) et ne peuvent être allouées à leurs bénéficiaires que si elles respectent une série de critères établis par la Commission européenne sur la base d'objectifs d'intérêt commun européen (B).

---

[40] Règlement (UE) 2021/1056 du Parlement européen et du Conseil du 24 juin 2021 établissant le Fonds pour une transition juste, *JOUE* L.231/1 du 30 juin 2021.

[41] Pour une étude approfondie, voir not. M. Douence, « Chapitre II. - L'influence du droit de l'Union européenne sur les collectivités territoriales » in J.-B. Auby, J. Dutheil de la Rochère (dir.), *Traité de droit administratif européen*, 2e éd., Bruxelles, Bruylant, 2014, p. 1089.

A. La soumission des collectivités territoriales au droit européen des aides d'État

Les aides d'État présentent par essence un caractère ambivalent. Elles sont un instrument de politique économique contraire à l'esprit du projet européen, en ce qu'elles faussent ou menacent de fausser la concurrence en favorisant certaines entreprises ou certaines productions. Mais elles peuvent concourir, dans le même temps, au renforcement de la cohésion économique et sociale dans l'Union européenne, en réduisant l'écart entre les niveaux de développement des régions qui la composent ; aussi ces aides peuvent-elles utilement prolonger les actions menées par les institutions européennes dans le cadre de la politique de cohésion[42]. C'est la raison pour laquelle l'article 107 § 1 du TFUE n'édicte pas une interdiction pure et simple des aides d'État, mais formule un principe d'incompatibilité avec le marché intérieur pour autant que ces aides affectent les échanges entre les États membres.

Au sens du traité, sont considérées comme des aides d'État les *aides accordées par un État* ou financées *au moyen de ressources d'État* en vue de procurer un avantage économique à son bénéficiaire dans des conditions normales de marché. La Cour de justice a très tôt considéré qu'il n'y a « *pas lieu de distinguer entre le cas où l'aide est accordée directement par l'État ou par des organismes publics ou privés qu'il institue ou désigne en vue de gérer l'aide* »[43]. Il en résulte que les aides allouées par les collectivités territoriales et leurs groupements à des entreprises qui participent au développement économique de leurs territoires entrent pleinement dans le champ de la notion d'aides d'État. Ces aides locales sont donc soumises à l'obligation de notification à

---

[42] Voir not. L. Grard, « Le droit des aides d'État, moteur auxiliaire de la solidarité communautaire » in C. Boutayeb (dir.), *La solidarité dans l'Union européenne*, *op. cit.* p. 205 ; M. Sousse, « Les aides publiques des collectivités territoriales », *Rev. Aff. Eur.*, 2006/3, p. 467.
[43] CJCE, 22 mars 1977, *Steinike & Weinlig* (78/76, EU:C:1977, pt 21).

la Commission européenne, dès lors que leur montant excède les seuils *de minimis*[44].

Le principe d'incompatibilité des aides d'État avec le marché intérieur n'est cependant ni absolu, ni définitif : il est assorti d'un ensemble de dérogations, qui correspondent à des objectifs d'intérêt commun européen[45]. À côté des aides compatibles de plein droit avec le marché intérieur (107§2 TFUE), qui visent des situations exceptionnelles [46], les traités établissent une liste d'aides potentiellement compatibles avec le marché intérieur. Sont concernées notamment les aides dites « à finalité régionale », qui tendent à soutenir spécifiquement le développement économique de régions défavorisées (article 107§3 a) TFUE), ou à promouvoir plus largement le développement de certaines activités ou de certaines régions économiques (article 107§3 c) TFUE). Ces aides potentiellement compatibles avec le marché intérieur demeurent néanmoins soumises à un contrôle de la Commission européenne qui, d'une part, doit être informée de tout projet d'aides nouvelles (article 108§3 TFUE) et, d'autre part, exerce un contrôle permanent sur les régimes d'aides existants (article 108§1 TFUE) – ce qui représente une charge administrative considérable, tant pour l'instance exécutive que pour les autorités nationales. Aussi, en vue de rationaliser le contrôle opéré sur les aides d'État, l'article 108§4 TFUE prévoit que « *la Commission peut adopter des règlements concernant les catégories d'aides d'État que le*

---

[44] Règlement (UE) n° 1407/2013 de la Commission du 18 déc. 2013 relatif à l'application des articles 107 et 108 du TFUE aux aides *de minimis*, *JOUE* L.352 du 24 déc. 2013, p. 1.

[45] O. Peiffert, S. Thomas, *Droit matériel des aides d'État*, 1e éd., Bruxelles, Bruylant, 2019.

[46] Ainsi des aides à caractère social octroyées aux consommateurs individuels, à condition qu'elles soient accordées sans discrimination liée à l'origine des produits ; des aides destinées à remédier aux dommages causés par les calamités naturelles ou par d'autres événements extraordinaires ; des aides octroyées à l'économie de certaines régions de la république fédérale d'Allemagne affectées par la division de l'Allemagne.

Conseil a déterminées, conformément à l'article 109, comme pouvant être dispensées de la procédure prévue au paragraphe 3 du présent article ». Sur le fondement de cette disposition, la Commission européenne a adopté, en juin 2014, un nouveau règlement général d'exemption par catégorie (RGEC), qui étend significativement le champ des aides pouvant être mises à exécution sans notification préalable[47] : peuvent bénéficier de cette dérogation de nombreux régimes horizontaux et sectoriels qui intéressent directement le développement économique des territoires[48], comme certaines aides à finalité régionale (ex : aides à l'investissement et au fonctionnement ; aides au développement urbain) ou en faveur des PME dont le montant n'excède pas les seuils fixés par le RGEC. Mais encore faut-il que ces aides remplissent les critères généraux de compatibilité avec le marché intérieur définis par la Commission européenne.

B. La redéfinition des critères de compatibilité des aides publiques locales avec le marché intérieur

La compatibilité d'une aide d'État avec le marché intérieur relève du pouvoir d'appréciation discrétionnaire de la Commission européenne, dont l'exercice implique, selon une jurisprudence constante, « *des appréciations d'ordre économique et social qui doivent être effectuées dans un contexte communautaire* » [49]. Dans un souci de sécurité juridique, l'instance exécutive s'est employée à formaliser des critères de compatibilité des aides d'État avec le marché intérieur. Il n'est

---

[47] Règlement (UE) n° 651/2014 de la Commission européenne du 17 juin 2014 déclarant certaines catégories d'aides compatibles avec le marché intérieur en application des articles 107 et 108 du traité, *JOUE* L.187/1 du 26 juin 2014.

[48] C. Demunck, « Aides des collectivités et droit de l'Union européenne – Le régime communautaire des aides d'État », *AJCT*, 2014, n° 10, p. 474.

[49] CJCE, 17 sept. 1980, *Philip Morris Holland/Commission* (730/79, EU:C:1980:209, pt 24) ; CJCE, 24 fév. 1987, *Deufil/Commission* (310/85 EU:C:1987:96, pt 18).

pas douteux que cette initiative n'est pas neutre sur les plans politique et économique : elle permet aux institutions européennes d'orienter dans une certaine mesure les aides publiques à l'économie, de sorte que ces dernières soutiennent prioritairement les objectifs d'intérêt commun européen, y compris au niveau local.

Dans une communication du 8 mai 2012 sur la modernisation de la politique de l'Union européenne en matière d'aides d'État, la Commission européenne conçoit déjà le contrôle des aides publiques à l'économie comme un instrument au service de la *Stratégie Europe 2020* pour une croissance intelligente, durable et inclusive dans le marché intérieur[50]. L'idée générale avancée par l'instance exécutive est que « *le potentiel de croissance de l'Europe peut être renforcé en ciblant mieux les dépenses publiques et en créant les conditions d'une reprise appelée à durer ; il s'agirait en particulier d'accroître l'efficacité et l'efficience des dépenses publiques et de les orienter davantage vers des politiques stimulant la croissance et répondant à des objectifs européens communs* »[51]. Ce processus de modernisation s'est traduit par une révision itérative des principaux textes déterminant les critères de comptabilité des aides d'État avec le marché intérieur. Ainsi, les conditions générales d'application du RGEC sont définies à partir d'un ensemble de principes horizontaux garantissant que les aides exemptées de notification préalable : concourent aux objectifs d'intérêt commun, « *et en particulier à la réalisation des priorités et des objectifs de la stratégie Europe 2020* »[52] ; ont un effet incitatif évident pour leurs bénéficiaires ; sont nécessaires et proportionnées au regard

[50] Voir not. L. Idot, « Regards sur la modernisation du contrôle des aides d'État » in B. Bertrand, F. Picod, S. Roland (dir.), *L'identité du droit de l'Union européenne*, Bruxelles, Bruylant, 2015, p. 639.

[51] Commission européenne, Communication au Parlement européen, au Conseil, au Comité économique et social européen et au Comité des régions, « Modernisation de la politique de l'UE en matière d'aides d'État », COM(2012) 209 final, Bruxelles, 8 mai 2012.

[52] Règlement (UE) n° 651/2014, op. cit., consid. 75.

des objectifs poursuivis ; sont octroyées en toute transparence ; sont soumises à un mécanisme de contrôle et d'évaluation ; et enfin n'affectent pas les conditions des échanges dans une mesure contraire à l'intérêt commun. Il est à noter que les objectifs du *Pacte vert pour l'Europe* seront très prochainement intégrés aux nouvelles conditions générales d'application du RGEC[53]. De la même manière, les lignes directrices en matière d'aides d'État – qui s'appliquent à celles qui ne sont pas couvertes par le RGEC et qui doivent par conséquent être notifiées à la Commission européenne – prennent en considération les priorités politiques actuelles de l'Union. Ces normes de référence déterminent des critères de compatibilité des aides d'État avec le marché intérieur et s'imposent *de facto* aux autorités nationales et locales[54]. À titre d'illustration, les lignes directrices sur les aides à finalité régionale ont été récemment révisées en vue de soutenir, plus spécifiquement, les objectifs du *Pacte vert* et les stratégies industrielle et numérique de l'Union européenne. Ces lignes directrices indiquent en effet que pour apprécier la compatibilité d'une aide à finalité régionale avec le marché intérieur, la Commission européenne peut tenir compte du fait qu'en plus de favoriser le développement économique régional et la cohésion territoriale (ex : création d'emplois locaux, de nouvelles activités économiques, etc.), l'aide en question « *contribue de manière substantielle, notamment, à la transition numérique ou à la transition vers des activités durables sur le plan environnemental, y compris des activités à faible intensité de carbone, neutres pour le climat ou résilientes*

---

[53] Commission européenne, Communiqué de presse du 6 oct. 2021, « Aides d'État : la Commission invite les parties intéressées à présenter leurs observations sur le projet de proposition visant à faciliter davantage la mise en œuvre de mesures d'aide favorisant la transition écologique et numérique », IP/21/5027.

[54] Voir not. J. Bracker, « L'intensité normative de la *soft law* en matière de compatibilité des aides d'Etat », *C.D.E.*, 2017/2, p. 371.

au changement climatique »[55]. En d'autres termes, les aides locales aux entreprises auront d'autant plus de chances d'être accueillies favorablement par la Commission européenne qu'elles s'inscriront dans cette double transition verte et numérique.

Irriguant la plupart des politiques de l'Union, l'objectif de croissance durable est susceptible de peser davantage aujourd'hui sur les arbitrages effectués par les autorités régionales et locales en matière de développement économique des territoires. Cette influence pose, en toile de fond, la question toujours délicate de l'association des collectivités territoriales à la détermination des priorités politiques de l'Union européenne. Cette responsabilité incombe, au nom du principe d'autonomie institutionnelle et procédurale, aux États membres, qui restent libres d'impliquer ou non les autorités infra-étatiques à la préparation de leurs prises de position au sein du Conseil. Les pratiques varient d'un pays à un autre, mais il apparaît clairement que cette association ne constitue pas encore la règle en Europe. L'européanisation progressive des politiques de développement économique des territoires amènera sans doute à repenser les modes traditionnels de gouvernance dans un souci de cohérence, d'efficacité.

---

[55] Commission européenne, *Lignes directrices concernant les aides d'Etat à finalité régionale*, *JOUE* C.153 du 29 avr. 2021.

L'accompagnement des projets de territoire

Nicolas JOYEUX
Banque des territoires

Il faut de l'intelligence dans les territoires pour parvenir à finaliser les projets et faire du développement territorial, mais il faut aussi de l'agent. Nous proposons de combiner les deux.

1. Notre rôle d'accompagnement des projets des territoires, en lien avec les politiques publiques : accompagner les programmes et politiques publiques mis en œuvre par l'Etat pour réussir la transformation et améliorer leur attractivité. Exemples : la politique de l'ANRU sur les quartiers en difficultés, appelés quartiers politiques de la ville, donc avec une entrée très territoriale. Plus récemment, avec le dispositif ACV (Action Cœur de Ville), pour renforcer l'activité commerciale et l'attractivité globale des centres-villes. Nous accompagnons également le programme PVD (Petites Villes de Demain), une action en cours de développement. Ces trois politiques se caractérisent par leur forte identité territoriale, avec une granulométrie de plus en plus affirmée. La politique Territoires d'industrie, elle, est à la fois thématique (économique, avec une approche industrielle) et territoriale.

Toutes ces politiques ont pour objectif d'organiser l'intelligence et la gouvernance locales et d'aboutir à un projet opérationnel, à la création d'emplois, d'entreprises et d'équipements.

Notre mode d'intervention met l'accent sur l'ingénierie territoriale amont, nécessaire au développement et à la qualification d'une stratégie, puis à la faisabilité et au bon déroulement du projet. Après les crédits d'ingénierie, nous intervenons avec des financements de très long terme pour faciliter la réalisation des projets : nous finançons les collectivités sur toutes les infrastructures (le contexte). Dans un troisième temps, et à un niveau encore plus opérationnel, nous intervenons avec nos fonds propres sur de l'investissement : nous accompagnons les entreprises pour se doter d'un immobilier performant, sur leur capacité de répondre à leur développement, nous les accompagnons sur leurs moyens de production.

Nous intervenons donc sur toute la filière du projet de développement territorial, de la stratégie (dans le cadre de Petits villes de demain, nous sommes associés au pilotage du projet) à la concrétisation.

2. Notre rôle de structuration d'outils régionaux, que nous contribuons à animer pour favoriser le développement territorial et la structuration des projets de territoire.

Parmi les outils, le plus ancien est le réseau des Sociétés d'économie mixte (sociétés anonymes de droit privé) qui permettent, par leur mixité d'acteurs publics et privés, d'être le bras armé des collectivités dans leur œuvre d'aménagement, pour créer les conditions foncières et structurelles nécessaires au bon développement économique. Le rôle des SEM, majeur, ne cesse de se renforcer : elles sont de plus en plus nombreuses et diversifiées sur le territoire. Nous les accompagnons en étant au capital pour qu'elles développent leurs projets, en lien avec les collectivités, qui sont majoritaires, et pilotent les projets territoriaux.

Autre possibilité d'intervention pour faciliter l'émergence de projets territoriaux de développement économique, c'est notre intervention sur les fonds régionaux. Nous voulons accompagner un maximum de projets, quelle que soit leur ampleur. Nous créons donc des fonds régionaux thématiques ou génériques. Avec la Région Nouvelle-Aquitaine, la création d'une foncière tourisme est en cours de négociations pour permettre l'émergence de projets touristiques dans le territoire et apporter les fonds propres, indispensables pour ensuite mobiliser des prêts. Un autre fonds, Terra Energies, a la même vocation pour les projets dans le domaine de la production d'énergies renouvelables. Nous intervenons aussi dans la création de SEM thématique et locales, dans le domaine de l'énergie notamment, dans presque tous les départements de la Nouvelle-Aquitaine. Dernier élément, plus transversal : nous apportons un soutien aux fonds qui ont vocation à aider l'économie sociale et solidaire. L'ESS, c'est avant tout de l'économie, puisqu'elle crée de l'emploi, et est un sujet fortement ancré territorialement. Nous apportons un appui financier à ces structures, ce qui favorise et accélère l'émergence de projets liés à l'économie sociale.

Passons rapidement sur les foncières de redynamisation, pour accélérer la transformation des centres-villes avec l'appui de l'échelon local, régional et départemental.

Nous avons donc des moyens, nous mobilisons nos fonds propres pour l'ingénierie, et pour que les projets sortent de terre de manière très concrète. Nous apportons nos moyens pour favoriser la gouvernance et la stratégie territoriale, car sans stratégie et sans vision, les outils ne servent pas aussi efficacement. Notre vocation est de faciliter l'émergence de ces outils, des projets qu'ils permettent de développer, de sécuriser l'environnement juridique en amont, et d'accompagner les énergies des territoires. C'est au sein de la gouvernance des territoires que les projets de qualité peuvent sortir ; nous sommes là pour les accompagner au mieux.

Chapitre 2
Politiques de développement économique et coordination des acteurs territoriaux

La coordination des différents acteurs territoriaux autour du fleuve Osam

Antoniy GALABOV†
Professeur de sociologie, Université de Sofia

Je vais vous parler d'un exemple de coordination des différents acteurs autour d'un fleuve.

A la veille du quinzième anniversaire de l'adhésion de la Bulgarie à l'Union Européenne, force est de constater que nous manquons d'une infrastructure développée qui garantirait la pleine mise en valeur des fonds européens et l'efficacité des investissements publics.

J'ai lancé un projet auprès des autorités locales, depuis un an. A la suite de ce projet de développement de politiques publiques à l'échelle locale, je me base sur l'analyse de l'administration municipale dans une région de planification la moins développée de la Bulgarie. L'objectif de ce projet d'intérêt public est de créer un partenariat durable en mettant en relation les collectivités territoriales engagées dans l'entretien d'un fleuve, et ayant un intérêt commun à développer son potentiel.
La rivière est Òsam ; l'initiative est en plein développement actuellement. Mesurant plus de 220 km de long, elle prend sa source dans la montagne au centre du pays et se jette dans le Danube.

Le pays est séparé en six régions de planifications ; les deux *Oblasti* (districts) concernées par le projet se trouvent au centre-nord du Pays : Lovetch et Pleven.

Les objectifs sont : réduire les coûts moyens d'entretien, de surveillance, d'action, de nettoyage et de prévention (en particulier alertes inondations) sur la rivière, qui sont des prérogatives régaliennes des collectivités territoriales. Au lieu que chaque collectivité dépense une certaine somme pour ces différentes tâches de gestion et de prévention, ainsi que des activités liées à la limitation du processus d'érosion le long du bloc, le projet envisage un instrument financier à travers lequel toutes les collectivités territoriales réduiraient leurs dépenses dans ces fonctions.

Un deuxième objectif consiste à créer une plateforme destinée à attirer des investisseurs dans des infrastructures de production d'énergies renouvelables, à partir d'éoliennes situées le long du fleuve, et dans la bio-agriculture, qui utiliserait les sols formés dans les méandres de la rivière. Chaque méandre offre en effet une extraordinaire qualité de sols favorables à certains types de bio-agriculture.

Un troisième objectif est d'optimiser la mise en œuvre des investissements publics prévus dans le cadre du plan de développement local et du fonds européen pour la période 2021-2027, mais aussi d'attirer les investissements étrangers dans le cadre de l'initiative *Next Generation*, notre plan de relance, en utilisant toute la complexité des facteurs de territoires, qui peuvent donner la place nécessaire au développement économique du territoire.

Le district de Lovetch est déjà très actif dans la production de voitures électriques, tandis que Pleven, l'autre centre de la région est actif, depuis quelques années, dans la production de matériel médical ; entre ces deux centres, il peut se développer une certaine synergie entre les investissements publics et l'intérêt privé, pour attirer les petites et moyennes entreprises qui souhaiteraient développer leur projet dans cet écosystème.

A travers une telle politique, on a réussi, pour le moment, une première étape de la mise en œuvre de cette politique : la signature d'un accord par les cinq collectivités territoriales, après décision des conseils communaux, et par les deux administrations régionales, après les consultations avec le ministre. Dans la réalisation de ce projet, il existe une bonne coopération du niveau local, régional, et du niveau exécutif central pour assurer ce partenariat entre les collectivités territoriales dans un cadre redéfini autour de la région naturelle du fleuve.

On peut donc non seulement développer les territoires, mais aussi redéfinir les modalités de coopération entre les différentes instances de la démocratie et de la gouvernance locale.

Quel développement économique pour une région transfrontalière ?

Margot BONNAFOUS
Responsable de formation Euro-Institut de Kehl

1. Introduction

Quand on réfléchit au développement économique sous l'angle des relations Etats, régions et intercommunalités, il convient de prendre également en considération les régions transfrontalières.

De quelles régions parlons-nous ? Bien que les régions frontalières ne soient pas toujours au focus de l'action publique, il est un fait que les régions situées aux frontières intérieures de l'Union Européenne représentent 40% du territoire de l'UE. Un tiers de la population de l'Union Européenne, donc environ 150 millions de personnes, vit dans une région frontalière. Les régions frontalières génèrent 30% du produit intérieur brut de l'UE et elles « voient transiter près de 2 millions de navetteurs dont 1,3 million de travailleurs frontaliers qui représentent 0,6 % des actifs de l'ensemble de l'Union (notamment 450 000 en France, 270 000 en Allemagne, 140 000 en Pologne et 135 000 en Slovaquie) »[56].

Pourtant, les régions frontalières sont toujours confrontées à des obstacles qui freinent leur croissance et leur développement. En général, les grands centres économiques se trouvent loin des frontières, les régions frontalières sont souvent en périphérie et ont un caractère plutôt rural. Dans un rapport de 2021, la

---

[56] COMMUNICATION DE LA COMMISSION AU CONSEIL ET AU PARLEMENT EUROPÉEN, Stimuler la croissance et la cohésion des régions frontalières de l'Union européenne, 2017 https://ec.europa.eu/regional_policy/sources/docoffic/2014/boosting_growth/com_boosting_borders_fr.pdf (08/02/2022)

Commission européenne reprend quelques-uns des obstacles les plus importants concernant la vie transfrontalière : le manque de transports publics transfrontaliers, les difficultés liées à la reconnaissance des compétences et des diplômes, l'accès limité aux services publics dans les environs, l'absence fréquente de véritables systèmes de gouvernance transfrontalière pour gérer conjointement les ressources partagées, les défis et les possibilités.[57]

Quelles seraient alors les solutions possibles pour faciliter le développement commun des régions frontalières ? En 2019, la Commission européenne a lancé l'initiative **b-solutions**[58]. Cette initiative avait pour objectif de faire analyser les obstacles auxquels 43 projets transfrontaliers ont été confrontés. Les résultats montrent, d'une part qu'il est important de considérer le contexte spécifique du projet bien que des comparaisons puissent être utiles, et d'autre part que l'engagement des autorités de décision est crucial. Un autre enseignement du projet est qu' « une série d'outils peuvent être utilisés pour trouver des solutions; certains peuvent être européens, d'autres peuvent déjà être disponibles au niveau national. Toutefois, ces solutions nécessitent souvent des modifications du cadre juridique. »[59] Nous indiquons dans ce

---

[57]RAPPORT DE LA COMMISSION AU PARLEMENT EUROPÉEN, AU CONSEIL, AU COMITÉ ÉCONOMIQUE ET SOCIAL EUROPÉEN ET AU COMITÉ DES RÉGIONS, Les régions frontalières de l'UE: des laboratoires vivants de l'intégration européenne, https://eur-lex.europa.eu/legal-content/FR/TXT/PDF/?uri=COM:2021:393:FIN&from=EN (08/02/2022)

[58] B-solutionsproject, https://www.b-solutionsproject.com/info-kit (08/02/2022)

[59] RAPPORT DE LA COMMISSION AU PARLEMENT EUROPÉEN, AU CONSEIL, AU COMITÉ ÉCONOMIQUE ET SOCIAL EUROPÉEN ET AU COMITÉ DES RÉGIONS, Les régions frontalières de l'UE: des laboratoires vivants de l'intégration européenne, https://eur-lex.europa.eu/legal-

contexte le Traité d'Aix-la-Chapelle entre la France et l'Allemagne qui stipule explicitement dans son article 13 quant aux obstacles transfrontaliers que «....Si aucun autre moyen ne leur [aux collectivités territoriales des territoires frontaliers et les entités transfrontalières comme les eurodistricts] permet de surmonter ces obstacles, des dispositions juridiques et administratives adaptées, notamment des dérogations, peuvent également être accordées. » De telles dispositions seraient effectivement un pas important vers une vision à 360° qui permettrait d'exploiter pleinement les potentiels, économiques et autres, des régions transfrontalières.

Quelles sont, malgré les freins toujours existants, les activités transfrontalières économiques ? Nous en évoquerons quelques volets en nous référant à la région trinationale du Rhin supérieur, une région qui présente les caractéristiques typiques d'une région transfrontalière. Il s'agit d'une région entre l'Alsace, le Sud-ouest de l'Allemagne et le Nord-Ouest de la Suisse. Donc, trois pays, deux langues différentes, trois systèmes différents en ce qui concerne l'organisation politico-administrative, mais aussi le droit du travail, les règlements dans le domaine du transport, etc. Environ 6 millions d'habitants vivent dans cette région trinationale. Selon la Conférence franco-germano-suisse du Rhin supérieur, en 2018, la région transfrontalière comptait environ 3,2 millions d'emplois. 97 000 travailleurs faisaient la navette avec les pays limitrophes, en provenance pour 61 % d'Alsace et pour 38 % du Pays de Bade (Allemagne). Le nombre de travailleurs frontaliers a augmenté de 12 % par rapport à 2008.[60] Les cantons du Nord-Ouest de la Suisse accueillent le plus grand nombre de travailleurs frontaliers.

---

content/FR/TXT/PDF/?uri=COM:2021:393:FIN&from=EN (08/02/2022)

[60] Conférence franco-germano-suisse du Rhin supérieur : Rhin supérieur - Faits et chiffres 2020, https://www.conference-rhin-sup.org/fr/statistiques/apercu/actualite/items/brochure-statistique-2020.html (08/02/2022).

La région du Rhin supérieur est une région plutôt polycentrique, avec Bâle par exemple qui est connue pour son industrie pharmaceutique, Strasbourg, ville européenne et universitaire, Karlsruhe, plus au nord, qui est caractérisée par la présence d'entreprises dans le domaine de l'informatique et de l'innovation technologique. Dans toute la région, le tourisme est un secteur important.

Dans ce qui suit, nous examinerons quelques aspects de la coopération transfrontalière économique en nous basant sur l'exemple de la Région du Rhin supérieur. Nous mentionnerons les activités transfrontalières des entreprises ainsi que le domaine de la recherche et du développement. Un focus sera mis sur le marché du travail commun, actuellement un des aspects des plus visibles de l'activité économique transfrontalière, avant de réfléchir aux perspectives dans les années à venir.

2. Les activités transfrontalières économiques

2.1 Les activités des entreprises

Le Rhin supérieur se caractérise par un réseau de nombreuses PME et la présence de grands groupes internationaux. La proximité géographique et un réseau de transport structuré sont favorables à cette activité économique. Toutefois, cette dernière est confrontée à quelques défis [61] : le développement des débouchés et les possibilités d'évolution des activités dans un contexte transfrontalier semblent poser des problèmes. En outre, il est difficile de développer les secteurs qui sont importants d'un point de vue stratégique. Et enfin, il est nécessaire que la coordination des politiques d'emploi, d'éducation et de formation soit améliorée

Selon un sondage commandité par le secrétariat INTERREG Rhin supérieur en 2018, « plus de 30% des PME du

[61] INTERREG V Rhin Supérieur 2014-2020 : Le Rhin supérieur en perspective - Regards portés sur la coopération transfrontalière dans la Région métropolitaine trinationale du Rhin supérieur, 2018, https://www.regbas.ch/fr/actualite/news/brochure-interreg-le-rhin-superieur-en-perspective/ (08/02/2022)

Rhin supérieur sont impliquées, d'une manière ou d'une autre, sur le plan transfrontalier. » (ibid.). 70 % des PME interrogées ne sont pas du tout actives au niveau transfrontalier, mais près de 9% d'entre elles poursuivent des activités assez dynamiques en cumulant plusieurs types d'activités. En considérant les secteurs, on observe plus d'activités transfrontalières dans les secteurs du commerce et de l'industrie que dans ceux des services, de l'hôtellerie-restauration et du bâtiment et des travaux publics (BTP). Selon le même sondage, seules 2,5% des PME interrogées ont implanté une ou plusieurs filiales ou succursales dans un des pays voisins. Une étude publiée la même année par Valoris Avocats en collaboration avec la Chambre de Commerce et d'Industrie d'Alsace Eurométropole et le Deutscher Anwaltverein de Strasbourg [62] précise qu' « environ 400 entreprises allemandes sont présentes en Alsace et que 50 d'entre elles proviennent de la région voisine du pays de Bade. » Parmi les 300 entreprises françaises qui sont implantées dans le Bade-Wurtemberg, 10 à 15 entreprises alsaciennes ont une filiale dans la région voisine de Bade. Les personnes interrogées dans le cadre de l'étude indiquent différentes raisons pour lesquelles une installation dans la région frontalière pourrait être favorable. Pour la présence en Allemagne : des raisons culturelles, raisons de conformité aux normes applicables, la proximité de la clientèle. Pour la présence en Alsace, entre autres : des raisons culturelles et linguistiques, coûts de production faibles, mais aussi l'attractivité d'une région au cœur de l'Europe, en indiquant par exemple le soutien politique, un environnement favorable à l'industrie et l'extension du tram Strasbourgeois jusqu'à Kehl en Allemagne.

En termes d'accessibilité, il convient également de souligner la connexion du TGV Strasbourg-Paris avec une durée

---

[62] Valoris Avocats en collaboration avec la Chambre de Commerce et d'Industrie d'Alsace Eurométropole et le Deutscher Anwalt Verein de Strasbourg : Activités transfrontalières : freins et opportunités , 2018 http://www.cafa-rso.eu/images/actualites/20180214-Activits-Transfrontalires-Freins-et-opportunits-1.pdf (10/02/2022)

de voyage de moins de deux heures, les aéroports de Strasbourg, Bâle-Mulhouse et Karlsruhe/Baden-Baden, ainsi que les ports du Rhin. Les 9 ports du Rhin Supérieur, à savoir Ludwigshafen, Mannheim, Karlsruhe, Kehl, Strasbourg, Colmar/ Neuf-Brisach, Mulhouse, Weil am Rhein et Bâle, forment l'alliance « Upper Rhine Ports » Cette coopération a lieu dans le cadre d'un projet de transport de la Commission Européenne, avec l'objectif d'une politique de transport durable. Les ports occupent un rôle central en tant que plaques tournantes au sein du réseau central des RTE-T (Réseaux transeuropéens de transport). Par ailleurs, quatre des neuf corridors des RTE-T traversent la région du Rhin supérieur ce qui lui donne une position géographique exceptionnelle.[63]

2.2 Clusters et grands projets

Mentionnons spécifiquement les projets transfrontaliers de grande envergure comme l'EuroAirport de Bâle-Mulhouse ou le projet de reconversion économique du territoire de Fessenheim, suite à l'arrêt de la centrale nucléaire.

L'EuroAirport Bâle-Mulhouse est le seul aéroport binational dans le monde. Il s'agit d'une coopération franco-suisse, et l'aéroport a été fondé en 1949. Bâle-Mulhouse est le troisième aéroport international de Suisse et le cinquième aéroport régional français. Il se trouve dans la région des trois frontières et est facilement accessible depuis la France, la Suisse et l'Allemagne. 6.300 personnes venant des trois pays sont employées à l'EuroAirport qui joue un rôle important pour l'accessibilité et la mobilité dans cette région.[64] Quant au territoire de l'ancienne centrale nucléaire de ***Fessenheim***, des réflexions ont été menées pour compenser la perte d'un grand nombre d'emplois, sur le site et dans la région, par le projet d'aménagement du Parc d'Activités EcoRhena et de la création de la ZAC EcoRhena. Les

---

[63] Upper Rhine Ports: http://www.upper-rhine-ports.eu/fr/upper-rhine-ports/qui-sommes-nous.html (10/02/2022)

[64] Regio Basiliensis, Im Fokus: Der Euro-Airport Regioinform 03/18 https://www.regbas.ch/de/assets/File/downloads/Regioinform_EuroAirport_Dez18_Einzelseiten.pdf (09/02/2022)

objectifs du projet sont, entre autres, « le développement d'une zone d'attractivité d'entreprises internationales et la réalisation d'une opération exemplaire sur le plan environnemental, au travers notamment d'une démarche d'écologie industrielle territoriale durant toutes les phases de la création et de la vie de la ZAC »[65]. Notons que ce projet d'envergure est également mentionné dans le Traité d'Aix-la-Chapelle, ce qui lui donne une importance au niveau national des deux côtés du Rhin.

Les clusters, donc des coopérations entre entreprises et autres acteurs, ont fait leurs preuves en Europe. Ils sont favorables au développement économique, sont en mesure de soutenir l'innovation industrielle et ont démontré leur capacité de résilience pendant les crises économiques.[66] Il n'est donc pas étonnant que ces bienfaits soient également recherchés dans un contexte transfrontalier puisque les régions frontalières sont, nous le rappelons, en périphérie, souvent loin des centres économiques. Dans la région trinationale du Rhin supérieur, le cluster ***BioValley*** est vraisemblablement l'un des plus connus. BioValley compte 50.000 salariés et plus de 600 entreprises dans le domaine des Life Sciences. Le cluster réunit 40% des plus grandes entreprises pharmaceutiques mondiales, 10 universités et instituts de recherche ainsi que 14 parcs de life sciences et incubateurs.[67] Dans le domaine du tourisme, le cluster franco-germano-suisse ***Upper Rhine Valley***[68] poursuit une stratégie de marketing et de commercialisation intégrée pour les trois composantes régionales. L'objectif de cette initiative commune

---

[65] Communauté des communes Pays Rhin-Brisach https://www.paysrhinbrisach.fr/parc-dactivites-et-zac-ecorhena/#sthash.wJnY9m3y.1LQ5Jy9k.dpbs (10/02/2022)

[66] Ministère de l'économie, des finances et de la relance : https://www.entreprises.gouv.fr/fr/innovation/poles-de-competitivite/la-politique-europeenne-faveur-des-clusters (10/02/2022)

[67]BioRegio Freiburg https://www.biotechpark.de/de/bioregio-freiburg-biovalley (10/02/2022)

[68] Upper Rhine Valley https://www.upperrhinevalley.com/fr (10/02/22)

est de faire connaître le Rhin supérieur comme une région touristique trinationale à davantage de personnes intéressées au niveau international, et de faire augmenter le nombre de visiteurs. Le troisième exemple que nous évoquerons est l'initiative ***TRION climate e.V.*** [69]. TRION-climate est un réseau franco-germano-suisse des acteurs de l'énergie et du climat. Le réseau compte actuellement près de cent adhérents. L'objectif de l'initiative est de promouvoir l'‘échange, d'accompagner la compilation de données trinationales et d'offrir un cadre propice à l'émergence de projets transfrontaliers. On notera la diversité des membres de TRION, parmi lesquels se trouvent des collectivités territoriales, des chambres consulaires, des entreprises et autres. Il est intéressant de noter que les trois initiatives évoquées sont issues de projets Interreg. Chacune a par la suite trouvé sa forme juridique et sa gouvernance adaptées à ses activités et à ses partenariats.

Se pose ensuite la question de la gestion des clusters transfrontaliers. Julian Vehrke propose trois possibilités de gestion pour les clusters internationaux, adaptables aux clusters transfrontaliers [70]. Il évoque tout d'abord *l'organisation décentralisée* qui ne nécessite pas d'équipe de gestion. Ce sont les acteurs eux-mêmes qui coopèrent de manière « imbriquée ». Ensuite est proposée une *organisation se basant sur les acteurs clé,* donc les grandes entreprises ou institutions de recherche. Une troisième forme de gestion est l'organisation par un manager ou une équipe de management de cluster. Ce management de cluster est par exemple responsable du marketing et propose des services aux membres du cluster. Pour effectuer ces missions, des compétences spécifiques sont nécessaires, par exemple une bonne connaissance des marchés, mais également des

---

[69] TRION climate e.V. https://trion-climate.net/fr/ (10/02/2022)

[70] Vehrke Julian: Theoretische und empirische Grundlagen der Cluster-Internationalisierung, https://interspin.de/wp-content/uploads/2019/04/Literaturanalyse_Theoretische-und-empirische-Grundlagen-der-Cluster-Internationalisierung.pdf (18/02/2022)

compétences en ce qui concerne la communication avec des acteurs étrangers. Il n'est pas un hasard que l'Université de Strasbourg et l'Université de sciences appliquées de Kehl en Allemagne coopèrent pour proposer le Master franco-allemand *Management de clusters et de réseaux territoriaux.*[71] Dans le domaine des clusters, qui s'est fortement développé depuis une dizaine d'années en Europe et également dans la région transfrontalière du Rhin supérieur, le master veut répondre aux besoins des acteurs et former des futurs manager de cluster.

3. Recherche et développement

L'espace du Rhin supérieur dispose de nombreuses universités et centres de recherche, et également d'un réseau dense d'entreprises innovantes. Un objectif essentiel au niveau transfrontalier est d'exploiter ces potentiels, en encourageant la coopération entre tous les acteurs de la recherche et du développement. La Région Métropolitaine Trinationale (RMT) encourage ces initiatives, surtout par la mise en place du ***Pilier « Science »*** dont l'objectif est le développement des coopérations transfrontalières existantes et de nouveaux projets innovants. [72] Des projets comme « Eucor – The European Campus » ou encore le groupement d'Ecoles Supérieures « TriRhenaTech » sont des projets phares pour lesquels le Pilier Science s'investit activement. A travers « Offensive Science », une initiative qui est renouvelée régulièrement, des projets sélectionnés obtiennent un soutien technique et financier.

« **EUCOR-The European Campus** »[73] est un groupe de cinq universités de France, d'Allemagne et de Suisse, à savoir les universités de Bâle, Fribourg-en-Brisgau, Haute-Alsace, Strasbourg ainsi que le *Karlsruher Institut für Technologie* et

---

[71] *Management de clusters et de réseaux territoriaux.* http://www.master-clustermanager.eu/presentation/ (18/02/2022)

[72] Le pilier sciences : https://science.rmtmo.eu/le-pilier-sciences/ (11/02/2022)

[73] Eucor – Le Campus européen https://www.eucor-uni.org/ (11/02/2022)

poursuit plusieurs objectifs. Entre autres, EUCOR cherche à renforcer les coopérations dans la recherche, le transfert des connaissances et technologies aux acteurs économiques, ou encore la mobilité transfrontalière entre universités. Cette mobilité libre présente de nombreuses possibilités aux étudiants : ils peuvent choisir entre la mobilité ponctuelle, donc le fait d'assister à certains cours ou modules dans une autre université du groupement, et la mobilité au semestre. Les étudiants bénéficient dans ce cas des mêmes droits d'utilisation des services, par exemple l'accès aux services en ligne ou l'emprunt dans les bibliothèques, que dans leur établissement d'origine.
Le ***Upper Rhine Cluster for Sustainability Research (URCforSR)***[74] est un réseau franco-germano-suisse de plus de 100 chercheurs de six établissements d'enseignement supérieur qui coopèrent dans le cadre de leurs recherches concernant le développement durable. Le dernier exemple que nous évoquerons dans le contexte de la recherche et du développement transfrontaliers est ***Neurex***, « l'un des plus importants réseaux européens de recherche fondamentale, clinique et appliquée dans le domaine des neurosciences : il regroupe plus d'une centaine de laboratoires spécialisés des universités de Bâle, Freiburg i.Br. et Strasbourg. »[75] Le réseau propose différents cursus, dont le master trinational *Joint Master in Neuroscience.* [76]
Le domaine Recherche et Développement est particulièrement important dans cette région qui veut devenir « une région de recherche d'excellence et d'innovation » comme le précise la Stratégie 2030 pour la Région Métropolitaine Trinationale[77], qui

[74] Upper Rhine Cluster for Sustainability Research (URCforSR) https://www.durabilite-rhinsuperieur.info/fr/sur-le-projet/ (11/02/2022)
[75] Eucor – The European Campus https://www.eucor-uni.org/recherche/reseaux-et-projets/neurex/ (11/02/2022)
[76]Neurex https://www.neurex.org/about-us/neurex (11/02/2022)
[77] Stratégie 2030 pour la Région Métropolitaine Trinationale (RMT) https://science.rmtmo.eu/wp-

souligne en outre « la présence de 200 universités, établissements d'enseignement supérieur et instituts de recherche ainsi que plus de 230 clusters et réseaux d'entreprises » (ibid.). La mise en réseau de la recherche et de l'enseignement, la visibilité à l'échelle internationale et la coopération entre la science et l'économie sont des objectifs poursuivis dans ce domaine.

Il semble que dans le domaine de la recherche, mais également pour les activités des entreprises (cf. 2.2), le mécanisme de gouvernance du réseau soit une voie intéressante. Selon Wald / Jansen[78], les réseaux peuvent être considérés comme étant une forme hybride entre le marché et la hiérarchie. Le fonctionnement des réseaux dépend, entre autres, de la volonté d'interagir des acteurs. Une certaine égalité et autonomie des acteurs, des relations plus horizontales que verticales et une coopération basée sur la confiance entre les acteurs sont considérées comme typiques des réseaux (ibid.). Ces propriétés caractérisent également dans une large mesure la coopération transfrontalière. On peut donc supposer que dans le cadre de la coopération transnationale, y compris la coopération économique, les réseaux sont particulièrement efficaces. L'économiste suisse Remigio Ratti[79] confronte les concepts de frontière-barrière, frontière-filtre et frontière-zone de contact et compare les fonctions et effets de la frontière. Dans sa typologie des effets-frontière et conséquences stratégiques de politique économique et spatiale, Ratti compare, pour différents secteurs, les logiques d'une frontière barrière ou filtre avec une frontière zone de contact et constate que, s'il s'agit de véritables facteurs

content/uploads/2019/11/Strat%C3%A9gie-2030-Version-D-und-F-in-einem-Dokument.pdf (24/02/2022)

[78] Wald Andreas / Jansen Dorothea, 2007, Netzwerke, in Benz Arthur/Lütz Susanne/Schimank Uwe/Simonis Georg: Handbuch Governance. Theoretische Grundlagen und empirische Anwendungsfelder, Wiesbaden

[79] Ratti Remigio. Problématique de la frontière et du développement des régions-frontières. In: *Sciences de la société*, n°37, 1996. Territoires frontaliers. Discontinuité et cohésion. pp. 37-48.

de contact, « la frontière peut constituer un élément potentiellement favorable pour la détermination d'un espace de soutien […] » (ibid.). En ce qui concerne la localisation industrielle par exemple, Ratti propose une logique de réseau, voire de « milieu ». Concernant les entreprises, Ratti conseille de construire « un réseau de collaborations et d'alliances nouvelles » pour mettre ainsi en valeur les effets positifs de proximité de la frontière-zone de contact.

4. Un marché du travail commun

Comme nous l'avons évoqué en introduction, la région trinationale du Rhin supérieur compte actuellement 97.000 travailleurs frontaliers. Environ deux tiers d'entre eux et elles viennent d'Alsace, un tiers de Bade en Allemagne. La Suisse est le pays qui accueille la plupart de ces travailleurs (env. 70.000). En 2018, 23.500 travailleurs frontaliers alsaciens se sont déplacés tous les jours vers l'Allemagne. Ce chiffre est en train de baisser. Une raison en est certainement que la jeune génération parle moins le dialecte alsacien et l'allemand que leurs ainés. Ensuite, le profil des travailleurs recherchés a évolué. De manière générale, les entreprises recherchent désormais une main-d'œuvre qualifiée, et moins d'ouvriers sans qualification.[80] Le marché du travail commun bénéficie d'un fort soutien politique, et de nombreux projets et initiatives favorisent la mobilité. Le **certificat Euregio** [81], par exemple, permet aux jeunes en formation professionnelle d'effectuer un stage d'un mois dans le pays voisin, ce qui leur donne la possibilité d'améliorer leur compétence linguistique, de découvrir la culture et de faire connaissance avec le quotidien professionnel dans le pays voisin. Cet échange se fait entre la Suisse du Nord-Ouest, l'Alsace et le pays de Bade en Allemagne. D'autres programmes offrent un

[80] EURES T-Oberrhein: Wirtschaftsraum Oberrhein – eine dynamische und lebenswerte Region, 2019.
[81] Euregio Zertifikat https://mobileuregio.org/france/accueil.html (15/02/2022)

accompagnement des jeunes durant la phase de candidature ou leur proposent même d'effectuer une partie de la formation dans le pays voisin, ou visent à adapter les compétences des salariés pour leur permettre une mobilité professionnelle.
Les **Services de Placement Transfrontaliers** [82] sont une offre conjointe de Pôle Emploi et de l'*Agentur für Arbeit* et se trouvent dans six localités dans la région transfrontalière, entre Sarrebruck, en passant par Kehl/Strasbourg jusqu'à Freiburg/Sélestat. Les Services de Placement Transfrontaliers proposent leurs services aux chercheurs d'emploi qui souhaitent travailler dans les zones frontalières franco-allemandes ainsi qu'aux entreprises installées dans la région.
Dans la région transfrontalière existe, encore vers les années 2020, la situation particulière d'un manque de personnels qualifiés en Allemagne et d'un taux de chômage plus élevé en France. Beaucoup de projets ont l'objectif de transformer cette situation en une situation gagnant-gagnant : de jeunes Français ont accès à un emploi ou à une formation, et les entreprises allemandes trouvent les personnels tant recherchés. Cela explique une asymétrie prononcée, tant en termes d'emploi que de formation. [83] La plupart des initiatives et des projets de formation professionnelle visent à attirer les jeunes Français vers une formation en Allemagne, en raison des situations économiques complémentaires évoquées ci-dessus. Selon Hofmann/Kauber, un changement de cette situation est possible dans les années à venir, suite à un développement économique positif en Alsace. Les initiatives publiques et privées actuelles tiennent compte de cette tendance en veillant à éviter les

---

[82] Services de Placement Transfrontaliers https://www.s-p-t.eu/ (16/02/2022)

[83] Hofmann Anne / Kauber Clarisse: Ausbildung und Mobilität an der deutsch-französischen Grenze. Grenzraum Oberrhein, in: Eberhardt, Christiane (Hrsg): Berufsbildungskooperationen in ausgewählten Grenzregionen. Eine Bestandsaufnahme. Wissenschaftliche Diskussionspapiere, Bundesinstitut für Berufsbildung, Bonn, à paraître en 2022

situations de concurrence pour le personnel qualifié. Dans le domaine de la santé par exemple, les personnels qualifiés manquent des deux côtés de la frontière, et l'objectif de la coopération est de trouver des solutions communes pour ce même problème (ibid.).
Mais en dehors de ces objectifs économiques quantifiables, d'autres potentiels sont à noter, tant dans le contexte individuel que dans le contexte collectif. Pour chaque jeune qui ose franchir le pas pour faire une partie de sa formation dans le pays voisin ou d'y chercher un emploi, cela représente une ouverture culturelle considérable. Pour une entreprise, des équipes multilingues sont un fort potentiel puisque des études montrent que ces dernières sont particulièrement créatives.[84] [85]
Une fois employés dans le pays voisin, les travailleurs sont confrontés à certains défis. [86] Ils peuvent être d'ordre linguistique ou culturel, mais aussi administratifs et juridiques. Parfois, les compétences linguistiques ne sont pas adaptées au poste trouvé, ou les différences quant aux cultures de travail respectives sont plus prononcées que ce que les personnes attendaient. Ensuite se posent des questions fiscales et celles qui concernent les

---

[84] Bonnafous, Margot : Le plurilinguisme en région frontalière – l'exemple de la région du Rhin supérieur, 2021, https://transfrontier.eu/site/wp-content/uploads/2021/07/Bonnafous_Le-plurilinguisme-en-region-frontaliere.pdf

[85] Lüdi, Georges (2017): Welche Sprachausbildung für eine mehrsprachige Arbeitswelt? In: Ambrosch-Baroua, Tina; Kropp, Amina; Müller-Lancé, Johannes (Hrsg.): Mehrsprachigkeit und Ökonomie. *Open Publishing LMU*, München: Universitätsbibliothek der Ludwig-Maximilians-Universität. S. 31-41

[86] *Cf. à ce propos également pour la Grande Région*, Belkacem Rachid / Pigeron-Piroth Isabelle: Un marché de l'emploi intégré ? L'emploi frontalier et ses dimensions socioéconomiques, in: Wille, Christian (Hrsg.). (2015). *Lebenswirklichkeiten und politische Konstruktionen in Grenzregionen - Das Beispiel der Großregion SaarLorLux: Wirtschaft - Politik - Alltag - Kultur* (Kultur und soziale Praxis). Bielefeld: transcript Verlag. https://doi.org/10.14361/9783839429273

assurances sociales. Une autre question non négligeable est la différence de l'âge de la retraite entre la France et l'Allemagne. Tandis qu'en France, l'âge légal de la retraite est actuellement à 62 ans (64 bientôt), il est à 67 ans en Allemagne. Les travailleurs français qui sont employés en Allemagne cotisent aux assurances sociales dans leur pays d'emploi. Il leur sera toutefois possible de bénéficier du système de santé de leur pays de résidence, suite à des conventions conclues entre les caisses, même si l'on observe dans ce contexte

« divers problèmes lors de de l'inscription à la caisse d'assurance maladie ou lors des remboursements : longs délais de traitement, complexité des procédures, informations contradictoires et difficulté à accéder aux informations pertinentes (adaptées à la situation du frontalier), coûts supplémentaires du fait de normes nationales incompatibles, etc. »[87].

Quant à l'impôt sur le revenu, les travailleurs français ont la possibilité d'être imposables dans leur pays de résidence, donc en France, ce qui représente un net avantage, puisque l'impôt sur le revenu est plus élevé en Allemagne. Cela représente la solution idéale, basée sur la *Convention fiscale franco-allemande* qui a, entre autres, l'objectif d'éviter une double imposition. Dans la réalité, il existe toutefois des cas spécifiques pour lesquels cette convention ne donne pas toutes les réponses.

Le réseau des **INFOBEST**[88] est d'un soutien important aux travailleurs frontaliers dans le domaine des questions administratives et juridiques. Dans quatre bureaux répartis sur l'ensemble du Rhin Supérieur, des équipes bilingues conseillent et informent les citoyens sur des questions liées à la vie transfrontalière. Les conseillères et conseillers se chargent, entre autres, d'orienter les usagers vers les administrations et les services compétents.

---

[87]TRISAN (Euro-Institut) en coopération avec le comité de pilotage du projet B-Solutions : Elaboration d'un protocole d'action, 2019

[88]Réseau d'Infobest https://www.infobest.eu/fr#main (16/02/2022)

Les institutions et les travailleurs ont donc appris à gérer un certain nombre de ces difficultés. Ce qui a, toutefois, été inattendu et guère gérable fut la pandémie de la Covid 19 avec les impacts qu'elle avait dans les régions frontalières. Du jour au lendemain, il y a eu de fortes restrictions pour traverser la frontière, avec des conséquences pénibles pour les travailleurs frontaliers. Les personnes domiciliées en France et travaillant en Allemagne avaient, par moment, besoin de plusieurs certificats français et allemand pour prouver leur statut et pour pouvoir traverser la frontière. A cela s'ajoutaient des obstacles comme des embouteillages importants à certains postes frontières et la difficulté, aussi étrange que cela puisse paraître, de faire simplement ses courses en rentrant du travail. Au début de la crise, les travailleurs frontaliers ont été confondus avec des « consommateurs-touristes » par certaines personnes et ont entendu des commentaires désagréables en Allemagne au moment de faire leurs achats[89]. Arrivés en France pour faire leurs courses, les mêmes travailleurs ont eu besoin d'une attestation de déplacement qui les a autorisés à quitter leur domicile.[90] Les nombreuses réglementations, en partie différentes d'un pays à l'autre, ont créé un sentiment d'incertitude et ont parfois même été ressenties comme discriminatoires.[91]

Par la suite, les responsables politiques locaux et régionaux se sont fortement impliqués pour améliorer la situation des travailleurs frontaliers, mais aussi celle des autres citoyens, impactée par les restrictions, et des solutions plus viables ont été

---

[89] Badische Neueste Nachrichten, 30.10.20 : https://bnn.de/mittelbaden/ortenau/kehl/wer-darf-wann-und-wie-ueber-die-grenze-in-kehl (18/02/2022)

[90] Maastricht University : Institute for Transnational and Euregional cross-border cooperation and Mobility / ITEM : Crossborder Impact Assessment 2020

[91] Réseau Jean Monnet Frontières en Mouvement : Manifeste sur l'avenir de la coopération transfrontalière en Europe, 2021 https://www.euroinstitut.org/fileadmin/user_upload/01_News/2021/ManifesteF.pdf (17/02/2022)

trouvées. Mais en ce qui concerne le développement de la coopération transfrontalière et du marché du travail commun, la crise sanitaire a mis en évidence de manière douloureuse que des progrès en termes de coordination et de gestion commune sont encore nécessaires.

Conclusions / Perspectives

Quelles sont alors les perspectives pour un espace économique transfrontalier du Rhin supérieur ? Retenons tout d'abord que de nombreux facteurs sont très favorables à une activité économique transfrontalière : une certaine proximité culturelle et linguistique, surtout en ce qui concerne l'Alsace, bien que l'on puisse constater un recul de la pratique du dialecte alsacien, proche de l'allemand et des dialectes parlés de l'autre côté de la frontière. Les collectivités territoriales poursuivent toutefois des stratégies pour renforcer l'usage du dialecte et de l'allemand.[92] Du côté allemand de la frontière, la situation est semblable : le nombre d'élèves qui choisissent le français comme deuxième langue baisse depuis quelques années. Un aspect tout à fait favorable est la bonne accessibilité de cette région située au cœur de l'Europe. Evoquons par exemple le tram transfrontalier entre Strasbourg et Kehl, mais aussi, à une échelle plus large, la liaison TGV, les ports du Rhin et les aéroports. Quatre des neuf corridors des RTE-T (Réseaux transeuropéens de transport) traversent la région du Rhin supérieur. Le soutien politique pour la coopération transfrontalière en général, mais aussi pour la coopération économique plus spécifiquement, est fort, et des conventions comme le Traité d'Aix-la-Chapelle ou encore la

---

[92] Bonnafous, Margot : Le plurilinguisme en région frontalière – l'exemple de la région du Rhin supérieur, 2021, https://transfrontier.eu/site/wp-content/uploads/2021/07/Bonnafous_Le-plurilinguisme-en-region-frontaliere.pdf

Stratégie 2030 pour la Région Métropolitaine Trinationale (RMT)[93] en témoignent.
En ce qui concerne les formes de coopération, différentes possibilités existent, mais il semble que jusqu'ici le travail en réseau ou en cluster est un mécanisme qui s'adapte bien aux réalités de la coopération transfrontalière, entre autres parce que ces derniers mettent en valeur les avantages de la proximité tout en permettant une certaine autonomie.
La recherche et le développement occupent une position de premier plan dans le Rhin supérieur. Cette région trinationale aspire à devenir une région de recherche d'excellence et d'innovation. La coopération entre science et économie ainsi que la visibilité internationale sont des objectifs importants. En ce qui concerne les secteurs d'activité, un accent est certainement mis sur les Life Sciences et la durabilité. Toutefois, l'industrie 4.0, avec l'intelligence artificielle comme mot-clé, joue également un rôle important.
Ce développement est en phase avec le Green Deal ou Pacte vert européen qui devra être mis en œuvre dans chaque région au sein de l'UE pour être efficace. Toutefois, la réalisation de ses objectifs peut être plus difficile dans les régions transfrontalières qu'ailleurs. Avec le *projet b-solutions* [94], la Commission Européenne a analysé les obstacles qui peuvent compliquer la mise en œuvre du Pacte vert dans les régions frontalières. Parmi ces obstacles, nous trouvons par exemple un manque de normes standardisées au niveau de l'UE ou encore un partage de compétences juridique différent en matière d'aménagement du

[93] Stratégie 2030 pour la Région Métropolitaine Trinationale (RMT) https://science.rmtmo.eu/wp-content/uploads/2019/11/Strat%C3%A9gie-2030-Version-D-und-F-in-einem-Dokument.pdf (24/02/2022)
[94] European Commission : Border regions for the European Green Deal, Obstacles and solutions to cross-border cooperation in the EU, 2021 https://www.b-solutionsproject.com/_files/ugd/8f68c1_892fd98185bc46faad388670a56c9f21.pdf (24/02/2022)

territoire de part et d'autre des frontières. Parmi les solutions proposées par les experts de *b-solutions*, mentionnons la signature d'accords ad hoc, puisque les solutions passeraient souvent par des modifications des législations concernées. Une autre solution serait la création de structures de coordination communes, par exemple les GECT (groupement européen de coopération territoriale). En 2018, la Commission Européenne a proposé le ECBM (European Cross-Border Mechanism), un outil destiné à faciliter la résolution des obstacles juridiques et administratifs à la coopération transfrontalière. Cet outil, une fois adopté, pourrait effectivement apporter une solution à de nombreux obstacles.

Les acteurs de l'aménagement du territoire abordent le problème des réglementations administratives, juridiques et sociales différentes d'une autre manière : dans le cadre du programme MORO (*Modellvorhaben der Raumordnung,* env.*:* projets pilotes pour l'aménagement des territoires), des responsables de l'aménagement et du développement du territoire allemands et français examinent de quelle manière un développement territorial plus intégré est possible. Ils utilisent pour cela un jeu de simulation par lequel ils cherchent à développer l'esquisse d'un pôle transfrontalier d'activité multi-sites. Le MORO contribue ainsi également à la mise en œuvre du Traité d'Aix-la-Chapelle qui prévoit un approfondissement de la coopération économique des deux pays, voire l'institution d'une zone économique franco-allemande dotée de règles communes.[95][96]

---

[95] Bundesinstitut für Bau-, Stadt- und Raumforschung: Forschungsprojekt: Grenzüberschreitende Komponenten in Raumentwicklung und Raumordnungsplänen stärken: zwei deutsch-französische Planspiele https://www.bbsr.bund.de/BBSR/DE/forschung/programme/moro/studien/2020/deutsch-franzoesische-planspiele/01-start.html (21/02/2022)

[96] ADEUS (L'Agence de Développement et d'Urbanisme de l'Agglomération Strasbourgeoise) https://www.adeus.org/ueber-uns/aktuelles/projet-moro/?lang=de (21/02/2022)

En ce qui concerne enfin le marché du travail commun, ce dernier est une chance économique, mais également culturelle. Les employeurs et les salariés qui en bénéficient découvriront forcément de nouveaux horizons, ne serait-ce qu'au niveau des compétences techniques, méthodologiques ou linguistiques. Toutefois, les acteurs veillent également à éviter des situations de concurrence en ce qui concerne la main d'œuvre dans certains secteurs. En outre, des obstacles juridiques pour les travailleurs frontaliers continuent à exister, malgré les possibilités de conseil qui existent, et la bonne volonté des acteurs à tous les niveaux. Un exemple actuel est le télétravail des frontaliers qui connaît des restrictions en termes de sécurité sociale et de fiscalité.[97] Ces restrictions ont été assouplies dans le cadre de la crise sanitaire, mais les questions se poseront ensuite, puisque les salariés souhaiteront vraisemblablement faire plus de télétravail à l'avenir.

Un autre objectif, qui concerne plus spécifiquement la formation et les métiers, serait une reconnaissance des diplômes facilitée, ou plus globalement, des qualifications plus facilement comparables.

Bibliographie

Badische Neueste Nachrichten, 30.10.20 : https://bnn.de/mittelbaden/ortenau/kehl/wer-darf-wann-und-wie-ueber-die-grenze-in-kehl (18/02/2022)

Belkacem Rachid / Pigeron-Piroth Isabelle: Un marché de l'emploi intégré ? L'emploi frontalier et ses dimensions socioéconomiques, in: Wille, Christian (Hrsg.). (2015). *Lebenswirklichkeiten und politische Konstruktionen in Grenzregionen - Das Beispiel der Großregion SaarLorLux: Wirtschaft - Politik - Alltag - Kultur* (Kultur und soziale Praxis). Bielefeld: transcript Verlag. https://doi.org/10.14361/9783839429273

Bonnafous, Margot : Le plurilinguisme en région frontalière – l'exemple de la région du Rhin supérieur, 2021,

[97] Frontaliers Grand Est https://frontaliers-grandest.eu/accueil/salaries/france-allemagne/coronavirus-covid-19/teletravail-covid19/ (25/02/2022)

https://transfrontier.eu/site/wp-content/uploads/2021/07/Bonnafous_Le-plurilinguisme-en-region-frontaliere.pdf

Bundesinstitut für Bau-, Stadt- und Raumforschung: Forschungsprojekt: Grenzüberschreitende Komponenten in Raumentwicklung und Raumordnungsplänen stärken: zwei deutsch-französische Planspiele https://www.bbsr.bund.de/BBSR/DE/forschung/programme/moro/studien/2020/deutsch-franzoesische-planspiele/01-start.html (21/02/2022)

COMMUNICATION DE LA COMMISSION AU CONSEIL ET AU PARLEMENT EUROPÉEN, Stimuler la croissance et la cohésion des régions frontalières de l'Union européenne, 2017 https://ec.europa.eu/regional_policy/sources/docoffic/2014/boosting_growth/com_boosting_borders_fr.pdf (08/02/2022)

Conférence franco-germano-suisse du Rhin supérieur : Rhin supérieur - Faits et chiffres 2020, https://www.conference-rhin-sup.org/fr/statistiques/apercu/actualite/items/brochure-statistique-2020.html (08/02/2022).

EURES T-Oberrhein: Wirtschaftsraum Oberrhein – eine dynamische und lebenswerte Region, 2019.

European Commission: Border regions for the European Green Deal, Obstacles and solutions to cross-border cooperation in the EU, 2021 https://www.b-solutionsproject.com/_files/ugd/8f68c1_892fd98185bc46faad388670a56c9f21.pdf (24/02/2022)

Hofmann Anne / Kauber Clarisse: Ausbildung und Mobilität an der deutsch-französischen Grenze. Grenzraum Oberrhein, in: Eberhardt, Christiane (Hrsg): Berufsbildungskooperationen in ausgewählten Grenzregionen. Eine Bestandsaufnahme. Wissenschaftliche Diskussionspapiere, Bundesinstitut für Berufsbildung, Bonn, à paraître en 2022

INTERREG V Rhin Supérieur 2014-2020 : Le Rhin supérieur en perspective - Regards portés sur la coopération transfrontalière dans la Région métropolitaine trinationale du Rhin supérieur, 2018, https://www.regbas.ch/fr/actualite/news/brochure-interreg-le-rhin-superieur-en-perspective/ (08/02/2022)

Lüdi, Georges (2017): Welche Sprachausbildung für eine mehrsprachige Arbeitswelt? In: Ambrosch-Baroua, Tina; Kropp, Amina; Müller-Lancé, Johannes (Hrsg.): Mehrsprachigkeit und

Ökonomie. *Open Publishing LMU*, München: Universitätsbibliothek der Ludwig-Maximilians-Universität. S. 31-41

Maastricht University : Institute for Transnational and Euregional cross-border cooperation and Mobility / ITEM : Crossborder Impact Assessment 2020

RAPPORT DE LA COMMISSION AU PARLEMENT EUROPÉEN, AU CONSEIL, AU COMITÉ ÉCONOMIQUE ET SOCIAL EUROPÉEN ET AU COMITÉ DES RÉGIONS, Les régions frontalières de l'UE: des laboratoires vivants de l'intégration européenne, https://eur-lex.europa.eu/legal-content/FR/TXT/PDF/?uri=COM:2021:393:FIN&from=EN (08/02/2022)

Ratti Remigio. Problématique de la frontière et du développement des régions-frontières. In: *Sciences de la société*, n°37, 1996. Territoires frontaliers. Discontinuité et cohésion. pp. 37-48.

Regio Basiliensis, Im Fokus: Der Euro-Airport Regioinform 03/18 https://www.regbas.ch/de/assets/File/downloads/Regioinform_EuroAirport_Dez18_Einzelseiten.pdf (09/02/2022)

Réseau Jean Monnet Frontières en Mouvement : Manifeste sur l'avenir de la coopération transfrontalière en Europe, 2021 https://www.euroinstitut.org/fileadmin/user_upload/01_News/2021/ManifesteF.pdf (17/02/2022)

Stratégie 2030 pour la Région Métropolitaine Trinationale (RMT) https://science.rmtmo.eu/wp-content/uploads/2019/11/Strat%C3%A9gie-2030-Version-D-und-F-in-einem-Dokument.pdf (24/02/2022)

TRISAN (Euro-Institut) en coopération avec le comité de pilotage du projet B-Solutions : Elaboration d'un protocole d'action, 2019

Valoris Avocats en collaboration avec la Chambre de Commerce et d'Industrie d'Alsace Eurométropole et le Deutscher Anwalt Verein de Strasbourg : Activités transfrontalières : freins et opportunités , 2018 http://www.cafa-rso.eu/images/actualites/20180214-Activits-Transfrontalires-Freins-et-opportunits-1.pdf (10/02/2022)

Vehrke Julian: Theoretische und empirische Grundlagen der Cluster-Internationalisierung, https://interspin.de/wp-content/uploads/2019/04/Literaturanalyse_Theoretische-und-empirische-Grundlagen-der-Cluster-Internationalisierung.pdf (18/02/2022)

Wald Andreas / Jansen Dorothea, 2007, Netzwerke, in Benz Arthur/Lütz Susanne/Schimank Uwe/Simonis Georg: Handbuch Governance. Theoretische Grundlagen und empirische Anwendungsfelder, Wiesbaden

Sites web

ADEUS (L'Agence de Développement et d'Urbanisme de l'Agglomération Strasbourgeoise) https://www.adeus.org/ueber-uns/aktuelles/projet-moro/?lang=de (21/02/2022)

BioRegio Freiburg https://www.biotechpark.de/de/bioregio-freiburg-biovalley (10/02/2022)

B-solutionsproject, https://www.b-solutionsproject.com/info-kit (08/02/2022)

Communauté des communes Pays Rhin-Brisach https://www.paysrhinbrisach.fr/parc-dactivites-et-zac-ecorhena/#sthash.wJnY9m3y.1LQ5Jy9k.dpbs (10/02/2022)

Eucor – Le Campus Européen https://www.eucor-uni.org/ (11/02/2022)

Eucor – The European Campus https://www.eucor-uni.org/recherche/reseaux-et-projets/neurex/ (11/02/2022)

Euregio Zertifikat https://mobileuregio.org/france/accueil.html (15/02/2022)

Frontaliers Grand Est https://frontaliers-grandest.eu/accueil/salaries/france-allemagne/coronavirus-covid-19/teletravail-covid19/ (25/02/2022)

Le pilier sciences : https://science.rmtmo.eu/le-pilier-sciences/ (11/02/2022)

Management de clusters et de réseaux territoriaux. http://www.master-clustermanager.eu/presentation/ (18/02/2022)

Ministère de l'économie, des finances et de la relance : https://www.entreprises.gouv.fr/fr/innovation/poles-de-competitivite/la-politique-europeenne-faveur-des-clusters (10/02/2022)

Neurex https://www.neurex.org/about-us/neurex (11/02/2022)

Réseau d'Infobest https://www.infobest.eu/fr#main (16/02/2022)

Services de Placement Transfrontaliers https://www.s-p-t.eu/ (16/02/2022)

TRION climate e.V. https://trion-climate.net/fr/ (10/02/2022)

Upper Rhine Cluster for Sustainability Research (URCforSR) https://www.durabilite-rhinsuperieur.info/fr/sur-le-projet/ (11/02/2022)

Upper Rhine Ports: http://www.upper-rhine-ports.eu/fr/upper-rhine-ports/qui-sommes-nous.html (10/02/2022)

Upper Rhine Valley https://www.upperrhinevalley.com/fr (10/02/22)

The paradox of regional development in Lithuania: the failure of strategic planning

Eglė STONKUTE
Director of Baltic Institute for Research and Development (Lithuania)

Abstract

For many years regional development policy is being implemented in Lithuania with the main aim to decrease differences among regions in order to increase economic and social coherence in the country. However, despite two decades of focussed attention to these strategic objectives of regional development and specific policy to support it, results of regional development policy are ambiguous and differences, expected to be narrowing, are not decreasing. Thus, the purpose of the article is to evaluate the results of Lithuania's regional policy over last ten years and to discuss potential reasons of the rather limited results in line with strategic objectives of regional policy. For that purpose the comparative analysis of two time periods (2010-2014 and 2017-2021) is undertaken in order to compare specific strategic objectives of the regional policy set for these periods with the results later attained. The indictors of population dynamics, education level, average wage, income per household, population at risk of poverty and foreign direct investments are analysed. The analysis reveals that regional development results in terms of increased cohesion among regions is stagnating and in some aspects even degrading. The administrative models of regional development until now was failing to provide adequate institutional support for the effective strategic planning of regional policy in Lithuania.

Introduction

The development of regional policy in Lithuania has been launched in 2000; however, specific financial measures in support of regional policy had been introduced just in 2007. The main focus of the regional policy is to narrow economic and social differences among regions and increase cohesion among them. However, results of regional policy implementation in Lithuania are rather ambiguous (not improving as expected) till now that is stated in the „White book on Lithuania's regional policy for harmonious and sustainable development 2017-2030" (The National Regional Council, 2017). The managerial efforts and investments focussed on the regional policy in Lithuania seem to be failing providing expected results. In order to reveal the scope and potential causes of that failure the purpose of the article is to evaluate the results of Lithuania's regional policy over last ten years and to discuss potential reasons of these results in line with strategic objectives of regional policy. The research problem is analysed from the perspective of strategic management which is a process of strategy planning, implementation, and control. In the case of regional policy implementation at national and regional levels the strategic management of the regional policy is institutionalized in order to ensure cooperation at different administrative levels. For the purpose of this article the focus is made on strategic planning (including evaluation of results).

Literature review

Regional development is a complex phenomenon embodying the interconnected network of interested parties acting in a complex multi-dimensional environment. The complexity of that phenomenon can be well defined by Masons and Mitroff's (1981) identified six characteristics, i.e. interconnections among problems, complicatedness as improvements can multiply or cancel themselves, uncertainty as constant readiness to respond to emerging outcomes, ambiguity as different perspectives of interested parties should be integrated, conflict emerging from competing interests, and social constrains such as economic, social, technological, political competencies. Thus, managing the complex phenomena as regional development, and especially implementing its strategic management, is a management in a complex environment. Furthermore, the regional development and its planning is expected to respond to the challenges of meeting intra-generational equity, addressing global challenges (climate change and others), implementing procedural equity among interested parties in the process and contributing to environmental and inter-species equity (Haughton and Councell, 2004). Thus, the complexity of the regional development is apparent and the common mistakes and problems of underperformance should be investigated.

Krasniqi (2019) makes the statement (based on qualitative and quantitative analysis) that regional policies and strategies are prone to omit the lack of competencies at regional levels to create good economic and employment conditions and regional development structures are little effective to support needed cooperation. The same author also defined three strategic responses to inter regional disparities, where they are stagnating or increasing. According him countries apply one of these approaches: keep their focus on these disparities (like in Germany and Italy); provide special support for lagging regions, but it is not their primal objective (like in Finland and Japan); and focus on national level economic growth leaving local regional disparities practically ignored (like in Czech Republic and Hungary). The effective strategic planning can be as a tool to support regional development (Gavriilidis, and Metaxas, 2017).

Robitaille, Chiasson and Gauthier (2016) made the analysis of strategic planning in the region of Outaouais in Canada and came to a conclusion that strategic planning at reginal level is more or less focussed on the medium term (as it is followed by concrete financial measured and financial instruments); however, it struggles to integrate a real long term perspective as it is linked to limited competencies of interested parties to embrace long term visions. Thus, orientation towards past or present of interested parties can be one of the obstacles to organize effectives (effective in terms of strategic objectives attained) strategic planning. The same was noticed by Douillet (2003). The author reveals that local politicians are anchored to their territory and that is the source of their legitimacy. However, that legitimacy and anchoring drive the intensions to increase the authority of local politicians and to defend their administrative regions' interests while at the same time ignoring interest of not administrative regions. What is why the analysis of any (regional) strategic planning is also an analysis of interrelationships (network) among interested parties in a specific region (Maillefert and Screni, 2009). These interrelationships can be organized, be executed, in three different approaches to strategic planning (Salet and Faludi, 2000): in institutional approach as normative organization and distribution of roles and responsibilities among interested parties; in communicative approach where symbols and graphics are used to create common understanding; and interactive approach where state institutions implements coordinating role of the strategic planning. And in that context of the presumably constant conflict of interests medium level planning and management is obliged to integrate and moderate discussion over strategic regional development planning between national and local institutions and interested parties (Vasilevska and Vasic, 2009), i.e. create vertical and horizontal networks of trust (Zardet and Noguera, 2013).

The evaluation of results is causing specific challenges. According Berthet (2008) there are three challenges: technical, political and citizenship. Technical challenges are linked to rather procedural technical evaluation of strategic plans in terms of strategic objectives alinement with the strategic objectives being initially set. Political challenges of the evaluation reflect the positioning of politician in terms of results achieved by the specific strategy at the same time evoking political debates. And citizenship challenges provide the needed political transparency and credibility of policies, strategies in place; however, rather often is very limited (in a form of dissemination) during the process of regional development.

Thus, the strategic planning of regional development is a complex process resulting in strategic regional development objectives and a plan to achieve them while being implemented itself though vertical and horizontal networking of multi-level interrelationships among interested parties and while generating legitimacy of made strategic decision and results achieved.

Methodology and results

The analysis of the research problem is based on the comparison of current state of regional development results in terms of main economic and social indicators with the stated strategic aims and objectives of Lithuania's regional development. Thus, the question on what was aimed for and what results actually are being generated is our focus. For that purpose, first, the analysis of Lithuania's main economic and social indicators in comparison with other EU countries is conducted. The indicators under analysis are: GDP per capita, share of population at risk of poverty, share of population with tertiary education. Data for that analysis are taken from Eurostat data base. This comparison serves as contextual elements for the further analysis of Lithuania's regional development results. Second, Lithuania's economic and social main indicators reflecting regional development results are analysed and compared among local departments during the period of 2010-12014 and 2017-2021 (or 2016-2020, if data for 2021 were not available). There are ten departments in Lithuania (composed of 60 municipalities). In addition to these 10 departments there is one additional department discerned - Central and Western departments that includes all 9 departments (out of 10 in total), except Vilnius department (the capital city department). That is done in order to better reflect the difference in the capital city department and all other Lithuania. The indicators under analysis are: population dynamics, education level, average income per household, average bruto salary, share of population at risk of poverty, foreign direct investments per capita. Data for the analysis of these indicators are taken from the Statistics Lithuania. The dynamics of indicators among different departments in Lithuania are then reconsidered in terms of their alignment with the strategic objectives of regional development stated in national strategic planning documents.

The overview of the main economic and social indicators revealing the coherence among departments in Lithuania should be linked to overall strategic objectives of regional development in Lithuania to assess their alignment (Table 1). The two main (recent) strategic documents in Lithuania drawing the strategic objectives for the regional development in Lithuania under our analysis are: "Lithuania's regional development strategy until 2013" and "White book on Lithuania's regional policy for stable and sustainable development 2017-2030". The overall strategic objectives of two strategies are rather converging and reflecting the same aim of increasing the quality of life in all areas of the country. In both strategic documents unsustainable economic development is defined as the main problem for the sustainable regional development; however, in the strategy of 2017-2030 the same quality of life is also stressed our as a focus point for improvements. The two strategies differ in indicators being set and defined for the evaluation of the progress. In the strategy until 2013 two main indicators were set for the overall evaluation of the progress: income per household is not less than 75% of average income per households in Lithuania; average annual unemployment rate not higher than 35% of average annual unemployment rate in Lithuania. In the strategy for 2017-2030 two sets of indicators were defined. One set focussed on economic progress and another – on quality of life (social) progress. For the evaluation of economic progress four indicators were set: coherence in terms of GDP in all departments by 2% in 2020; GDP per capita in all departments closer to the EU average, not less than 10% improvement in 2017-2020; material investments per capita – not less than 1200 EUR (it should be notice that just in two departments the level of material investments was below that level in 2016); average wage (neto) increases by 15% in all departments in 2017-2020. For the evaluation of the progress in the quality of life other four indicators were defined: Lithuania rated at 5th place as the region with the least regional employment differences among the EU countries; the difference of the average wage among state and local institutions, their enterprises and other public service providers is not higher than 5%; the percentage between employed and working age people in all municipalities is not less than 75%; neto negative migration in all municipalities is not higher than -0,2 per cent. For the purpose of this article the main focus and comparative analysis is based on indicators of regional development being set in the strategy until 2013 considering them being integrative. The indicators defined for the evaluation of progress in 2017-2030 are more detailed, but more ambiguous at the same time. However, it can be noticed that the main focus in regional development should be on the filling (diminishing/eliminating) the gap among different regions, departments in the country. Thus, the analysis is focussing on the gaps, how fast and what direction are they narrowing (but not so exactly calculating the specific targeted rates).

Table 1. Strategic objective of regional development in Lithuania

	Lithuania's regional development strategy until 2013*	****White book on Lithuania's regional policy for stable and sustainable development 2017-2030**

Long term objective	To unsure high quality of life for all habitants of the territory.	To create preconditions for dignified, active, safe, healthy and attractive live and work in all Lithuania.
Main problem stated	Big and not decreasing social and economic differences among departments and within them and the main cause of it – not enough balanced economic development.	Geographical stable and sustainable economic growth. The same quality of life in all Lithuania.
Targets in terms of indicators	Income per household is not less than 75% of average income per households in Lithuania. Average annual unemployment rate not higher than 35% of average annual unemployment rate in Lithuania.	Economic indicators: Coherence in terms of GDP in all departments by 2% in 2020. GDP per capita in all departments closer to the EU average, not less than 10% improvement in 2017-2020. Material investments per capita – not less than 1200 EUR. Average wage (neto) increases by 15% in all departments in 2017-2020. Quality of life indicators: Lithuania rated at 5th place as the region with the least regional employment

		differences among the EU countries. The difference of the average wage among state and local institutions, their enterprises and other public service providers is not higher than 5 %. The percentage between employed and working age people in all municipalities is not less than 75%. Neto negative migration in all municipalities is not higher than -0,2%.

Source: *The regulation of Lithuania's Government on Lithuania's regional development strategy until 201, May 23, 2005, No. 575, 2005. ** White book on Lithuania's regional policy for harmonious and sustainable development 2017-2030 approved by the decision of the National regional council on December 15, 2017.

GDP per capita in Lithuania together with another 17 EU countries is lagging below the average in the EU27 and account for 59,3 % of the GDP per capita (in euros, current prices) in the EU27 (Table 2) or almost twice lower than GDP per capita in France and almost six times lower than in a leading country Luxembourg. These results of the economic convergence among the EU countries, even if majority countries, including Lithuania, are still lagging, are positive snapshots of the long path of economic and social integration taken by the EU while implementing strategic objectives of economic and social cohesion. Lithuania's GDP per capita (in euros, current prices;

Eurostat 2021) in 2011 accounted for 40,3% of the EU27 GDP per capita respectively. Thus, in ten years that ratio in Lithuania increased almost importantly. The economic cohesion in terms of GDP per capita in purchasing power standards (PPS) is even more positive as the dispersion is lower among the EU countries. Lithuania's GDP per capita in PPS accounted for 87,6% of GDP per capita in the EU and that marks the increase of GDP per capita in PPS from 66,5% in 2011 (Eurostat, 2021). According these indicators Lithuania's GDP per capita in PPS is equivalent to that of Cyprus, Spain, Slovenia, and Estonia.

However, the rather positive economic convergence among the EU countries is not always reflected into the same pace convergence of social indicators. The share of population at risk of poverty in the EU27 reached 22,0% in 2020 (Table 1). In Lithuania almost one fourth (24,8%) of population were at risk of poverty at the same time. And even if that rate was slightly decreasing over the last ten years, the average share of population at risk of poverty in Lithuania accounted on average more than 29% annually during the period of 2011-2020. Lithuania together with Germany, Cyprus, Spain, Estonia, Latvia, Greece, Croatia, Rumania, and Bulgaria are countries with higher than average share of population at risk of poverty. It is interesting to note that even if Luxembourg is one of the richest countries in the EU in terms of GDP per capita, the share of population at risk of poverty is rather high (20,9%) compared to many other countries with far less rich economies. The distribution of inequality can be one of the answers why such situation is formed in Luxembourg and in many other countries (as well as Lithuania). The distribution of inequality reflects the ratio of the total disposable income received by the 20 % of the population with the highest income to that received by the 20 % of the population with the lowest income. In that respect in 2020 the average inequality ratio in the EU27 reached 5 (incomes of the population with highest income were 5 times higher that of those with the lowest income. In the same year equal or higher to the average inequality ratio in the EU27 reached in Luxembourg, Germany, Spain, Estonia, Portugal, Lithuania, Latvia, Greece, Rumania and Bulgaria. In Lithuania's case the ratio was fluctuating during 2011-2020, however just in 2 years (2011-2012) was lower than 6, but remained higher than 6,5 on average annually during the period of 2009-2020 (Eurostat, 2021). The rather obvious positive correlation can be observed between the share of population at risk of poverty and the ratio of inequality among the EU countries.

In the age of talents "hunting" and important breakthroughs in bioengineering, artificial intelligence and many other sophisticated technology areas the overall education level of population is the crucial long term sustainability precondition. In 2020 some 41% of total EU27 population of 30-34 years old were graduates of tertiary education (Table 1). In Lithuania that share accounted for 59,6% of population in 2020 and it positions Lithuania together with Luxembourg, Ireland, Sweden, the Netherlands, Cyprus where that share was higher than 50% of population. In these terms Lithuania's population is the third best educated population among the EU27 countries.

Thus, Lithuania is a country with rather intensively economically converging country with rather high share of population being at risk of poverty, rather stagnating income inequality and high tertiary educational attainment.

Table 2. The comparison of main economic and social indicators in EU countries in 2020

Pay/région	PIB par habitant en EUR	PIB par habitant en PPA	Population à risque de pauvreté %	Distribution de l'inégalité	Population diplômée de l'enseignement supérieur (des 30-34 ans) %
Luxembourg	**340,4**	265,3	20,9	5,0	62,2
Irelande	**250,4**	213,5	n.d.	n.d.	58,1

Denmark	**179,3**	135,4	15,9	4,0	49,8
La Suède	**153,6**	122,7	17,9	4,1	52,2
Les Pays-Bas	**153,5**	132,6	16,3	4,0	54,0
Finlande	**142,8**	113,6	16,0	3,7	49,6
L'Autriche	**142,3**	124,4	17,5	4,1	41,6
Allemangne	**135,5**	121,4	24,0	6,5	36,3
Belgique	**132,6**	118,0	18,9	3,7	47,8
France	**113,6**	103,7	18,2	4,5	48,8
l'Union Européenne - 27 pays (de 2020)	**100,0**	100,0	22,0	~ 5	41,0
Italie	**93,0**	93,8	n.d.	n.d.	27,8
Malte	**84,7**	98,8	19,0	4,7	39,8
Cyprus	**80,8**	89,1	21,3	4,3	59,8
Espagne	**79,3**	85,7	26,4	5,8	44,8
Slovénie	**74,6**	89,6	15,0	3,3	46,9
Estonie	**67,5**	84,9	23,3	5,0	44,3
République Tchèque	**67,3**	94,0	11,9	3,3	35,0
Le Portugal	**65,0**	76,3	19,8	5,0	39,6
Lituanie	**59,3**	87,6	24,8	6,1	59,6
Slovaquie	**56,4**	71,5	14,8	3,0	39,7
Lettonie	**51,9**	72,0	26,0	6,3	49,2
Grèce	**51,6**	63,4	28,9	5,2	43,9
Hongrie	**46,9**	74,3	17,8	4,3	33,2
Pologne	**45,7**	76,1	17,3	4,1	47,0
Croatie	**41,5**	65,1	23,2	4,6	34,7
Roumanie	**37,9**	71,5	30,4	6,6	26,4
Bulgarie	**29,6**	55,0	32,1	8,0	33,3

Source: Eurostat database, 2021.

The population of Lithuania is shrinking for many years already (Table 3). If in 2010 the population of Lithuania accounted for more than three million habitants, in 2021 just 2,8 million habitants were living in. Over the last 5 years (2017-2021) the decrease in number of habitant still continues (Figure 1). The most important decrease is observed in rural areas where the rate of decrease is twice bigger (-2,9%) than in urban areas (-1,3%) in Lithuania in 2021 compared to 2010. And just two departments, Vilnius and Klaipėdos, recorded the increase in total population, where in Klaipėdos case the increase in generated by the increase in habitants in rural areas and in Vilnius case – both zones, rural and urban. However, it should be noticed that in Klaipėdos department case the increase in habitant of rural areas is the fact of de facto expansion of Klapėdos city suburbs (as their habitant mainly work in Klapėdos city). In all other departments the prominent decrease in the number of habitants was observed, in rural and urban areas, where the rural areas were suffering the most. Actually, in Central and Western department (all Lithuania's departments, except Vilnius department) the number of habitants decreased by close to 4% in 2021 compared to 2010.

The demographic situations looks even more grime taking into account its dynamics over longer period of time. The rate of decrease of population had been almost stagnating or decreasing just marginally in three departments in Lithuania (Marijampolės, Tauragės, Panevėžio) from 2017 to 2021 compared to that from 2010 to 2014 (the total decrease of population). In other three departments (Utenos, Alytaus, Telšių) that decrease of the rate didn't reached more than 30 %. The situation is rural areas were even more negative. In two departments (Marijapolės and Tauragės) the rate of decrease in number of rural habitants is the same or higher in 2017-2021 compared to 2010-2014. Thus, the demographic situation in these two departments' rural areas is constantly remaining negative. In two other departments (Utenos and Panevėžio) rural areas the decrease in the rate of decrease was not more that 16 per cent. Generaly, the improvement of demographics in rural areas is developing relatively more slowly than in urban areas. The positive reverse of situation from negative to positive was achieved in three departments (Kauno, Klaipėdos and Vilnius), where shrinking rural population of 2010-2014 became increasing one in 2017-2021.

Table 3. Population dynamics in departments in 2010-2014 vs 2017-2021, %

	Changement de population par la période, en pourcent						Index ou le changement de population par la période de 2010-2014 = 100		
	2010-2014			2017-2021					
Département	Totale	Urbaine	Rurale	Totale	Urbaine	Rurale	Totale	Urbaine	Rurale
Département de Marijampolės	-7,8	-8,6	-7,0	-7,2	-6,6	-7,8	92	77	111
Département de Tauragės	-8,8	-7,5	-9,8	-8,6	-6,9	-9,8	97	93	100
Département de Utenos	-9,5	-9,4	-9,6	-7,5	-6,3	-9,0	79	67	94
Département de Panevėžio	-8,0	-7,2	-9,0	-7,6	-7,5	-7,6	95	105	84
Département de Alytaus	-9,1	-10,6	-6,9	-6,5	-7,4	-5,3	71	70	76
Département de Telšių	-7,8	-7,1	-8,7	-6,1	-6,1	-6,2	79	85	71
Département de Šiaulių	-9,6	-8,5	-11,5	-3,9	-1,9	-7,3	40	22	63
Département du Centre et de l'Ouest	-7,8	-7,8	-7,7	-3,8	-3,6	-4,1	48	46	53
Lituanie	-6,3	-5,9	-7,1	-1,8	-1,3	-2,9	29	22	41
Département de Kauno	-6,8	-7,8	-4,3	-0,7	-1,4	0,6	11	17	-14

Département de Vilniaus	-2,2	-1,7	-4,0	3,1	3,3	2,2	-140	-197	-55
Département de Klaipėdos	-6,1	-6,1	-5,9	0,4	-1,7	5,4	-7	27	-91

Source: data from Statistics Lithuania, 2021.

The level of education is divergent in departments in Lithuania (Figure 1). The population with higher education is dominating population of Vilnius department, where close to 60 % of its total population are people with higher education. In all other departments the share of population with higher education is lower than the share of their population with medium level education. The higher than the average share of population in Lithuania with higher education is in Vilnius, Kauno and Klaipėdos departments (in departments with three biggest cities of Lithuania). The share of population with higher education in Tauragės department is more than twice smaller than in Vilnius department.

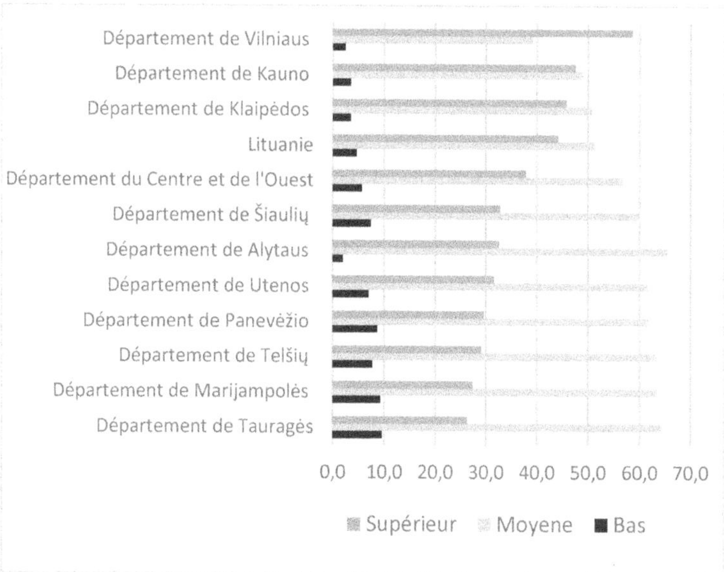

Figure 1. Education level of population in departments in 2020, %

Source: data from Statistics Lithuania, 2021.

The dynamic of share of population in terms of its education level can be considered being alarming (Table 4). The share of population with higher education is shrinking in 8 departments out of ten as the rate of change from 2017 to 2021 compared to 2010-2014 was degrading. For example, the in Telšių, Utenos, Panevėžio and Šiaulių departments the rate of change was degrading, respectively, by -25,3, -22,8, -20,6, -16,4 percentage points, i. e. all four departments the increase in the share of population with higher education was observed from 2010 to 2014; however, from 2017 to 2021 these shares were decreasing or the increase was relatively low. If from 2010 to 2014 the share of population with higher education in Telšių department increased by 13,2%, from 2017 to 2021 that share decreased by 12,1% (-12,1%). Thus, the total change accounted for a sharp swift from positive to negative tendency, which accounted for – 25,3 change in percentage points. Just in two departments in Lithuania, i.e. Vilnius and Kauno departments, the rate of change in share of population with higher education increased. If from 2010 to 2014 the rate of change in share of population with higer education was 1,8% in Vilnius department and 1,2 % in Kauno department, from 2017 to 2021 that rate increased drastically, respectively, to 18,2% and 20, 3%. The overall rate of change in share of population with higher education increased from 2014 to 2021 compared to the period of 2010 and 2014. If from 2010 to 2014 the share of population with higher education increased by 6,7%, from 2017 to 2021 it increased by 12,6%. Thus, the faster concentration of higher educated people is being observed in departments of three biggest cities (Vilnius, Kauno, Klaipėdos departments) in Lithuania, while other departments are stagnating or degrading in that term. Despite the high overall education of population, the mismatch of skills with the labour market in Lithuania is high (OECD, 2021).

Table 4. Dynamics in education level in departments in 2010-2014 vs 2017-2021, %

Département	Changement de population avec certain niveau d'éducation par la période, en pourcent								Changement en pourcent points entre les périodes 2010-2014 et 2017-2021			
	2010-2014				2017-2021							
	Total	Bas	Moyen	Supérieur	Total	Bas	Moyen	Supérieur	Total	Bas	Moyen	Supérieur
Département de Telšių	-4,3	-25,3	-6,8	13,2	-9,1	-5,2	-8,4	-12,1	-4,8	20,1	-1,6	-25,3
Département de Utenos	-5,9	0,0	-13,8	11,3	-12,6	75,0	-19,6	-11,5	-6,7	75,0	-5,8	-22,8
Département de Panevėžio	-4,7	11,9	-16,2	23,0	-5,7	-7,1	-9,5	2,3	-1,0	-19,0	6,8	-20,6
Département de Šiaulių	-8,3	-23,3	-17,0	23,6	-4,2	-14,5	-9,0	7,3	4,1	8,8	8,1	-16,4
Département de Tauragės	-13,9	-23,5	-14,1	-2,0	-7,8	1,8	-9,1	-7,9	6,0	25,3	5,0	-5,9
Département de Alytaus	-7,0	-1,9	-10,1	1,0	-10,3	-53,1	-10,7	-4,7	-3,3	-51,3	-0,6	-5,7
Département de Marijampolės	-7,0	-23,9	-11,1	19,9	8,4	15,6	4,7	15,0	15,4	39,5	15,8	-4,8
Département du Centre et de l'Ouest	-5,9	-20,3	-10,7	9,7	-1,6	-3,6	-7,7	8,9	4,2	16,7	3,0	-0,8
Département de Klaipėdos	-3,5	-30,5	-8,6	12,9	-0,6	-23,5	-7,6	12,2	2,9	7,0	1,0	-0,6
Lituanie	-5,6	-21,7	-10,1	6,7	0,0	-1,5	-9,1	12,6	5,6	20,2	0,9	5,9
Département de Vilniaus	-4,7	-27,3	-8,0	1,8	3,9	13,7	-13,6	18,2	8,7	41,0	-5,6	16,4
Département de Kauno	-4,6	-33,1	-4,9	1,2	6,4	5,3	-4,7	20,3	11,0	38,4	0,2	19,1

Source: data from Statistics Lithuania, 2021.

The income is one of the main indicators while comparing the economic and social convergence among regions (Figure 2). The average monthly wage (bruto) in Lithuania was 1428 EUR in 2020 (or 913 EUR neto). Just in one department, that of Vilnius, the average monthly wage exceeded that average wage in Lithuania. In all other regions the average monthly wage was lower than that one in Lithuania. The average monthly wage in Tauragės department was 28% lower than in Vilnius department. It can be noticed that among all Central and West departments (all departments except Vilnius department) just in Kauno and Klaipėdos departments the average monthly wage was higher than average in all Central and West departments. In all other departments of Central and West Lithuania the average monthly wage was gravitating around 1200 EUR or around 25% lower than in Vilnius department.

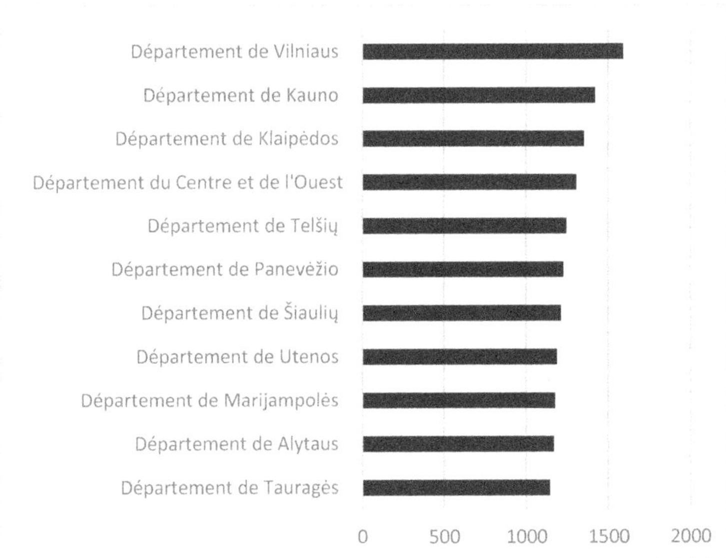

Figure 2. Average bruto salary in 2020, EUR /month

Source: data from Statistics Lithuania, 2021.

The average income per household (total – monetary and non-monetary) per month is comparatively further diverging among departments (Table 5). If in 2014 the income per household in Vilnius department accounted for 115% of the average income per household in Lithuania, in 2020 that income per household already accounted for 125% of the average income per household in Lithuania. In all other departments the relative difference of income per household with the average income in Lithuania was degrading (except Šiaulių department). For example, if the income per household in Utenos department accounted for 89% of the average income in Lithuania in 2014, then in 2020 it accounted just for 73% of the average income in Lithuania. Thus, the income inequality is increasing among departments in Lithuania.

Table 5. Dynamics in income per household in in 2014 and 2020

Département	**2014**	**2020**
Lituanie =100	100	100
Département de Vilniaus	115	125
Département du Centre et de l'Ouest	95	90
Département de Alytaus	91	88
Département de Kauno	101	98
Département de Klaipėdos	101	96
Département de Marijampolės	94	71
Département de Panevėžio	91	82
Département de Šiaulių	84	88
Département de Tauragės	93	92
Département de Telšių	96	94
Département de Utenos	89	73

Source: data from Statistics Lithuania, 2021.

The very important indicators for the economy is the unemployment rate. The average annual unemployment rate reached 13,8% in 2010-2014 and in 2017-2021 decreased by 49,2% to 7,0% in Lithuania (Table 6). The better improvement in unemployment rate was observed just in two departments, i.e. Vilnius and Telšių departments, where the average annual unemployments rate decrease by more than 50% in 2017-2021 compared to 2010-2014. All the over departments were experiencing lower than average in Lithuania decrease in average annual unemployment rate with the lowest decreases in Tauragės, Utenos and Marijampolės departments. And even with the substantial deacrese in the average annual unemployemnt rate in all departments, in seven of them the average annual unemployment rate remained higher than on average in Lithuania.

Table 6. Unemployment rate in departments in Lithuania

Département	Le taux moyen de chômage annuel, %		Le changement du taux moyen du chômage annuel, % en 2017-2021 en comparant avec 2010-2014
	2010-2014	2017-2021	
Département de Vilniaus	12,3	5,1	- 58,7
Département de Telšių	16,6	7,5	- 4,9
Lituanie	13,8	7,0	-49,2
Département de Panevėžio	17,9	9,4	-47,8
Département de Šiaulių	16,1	8,4	-47,6
Département de Alytaus	17,0	9,0	-46,7
Département de Kauno	12,0	6,5	-45,7
Département du Centre et de l'Ouest	14,4	7,9	-45,2
Département de Klaipėdos	11,1	6,1	-44,8
Département de Marijampolės	14,5	8,8	-39,2
Département de Utenos	21,1	13,0	-38,2
Département de Tauragės	11,5	9,4	-18,4

Source: data from Statistics Lithuania, 2021.

The rather important differences exists among departments in terms of their share of population at risk of poverty (Figure 3). The average share of population at risk of poverty was 20% in Lithuania in 2021. Just in four departments the share of population at risk of poverty was lower than on the average in Lithuania, i. e. Vilnius, Telšių, Klaipėdos and Kauno departments. In all other six departments that rate was higher than 20% and in Marijampolės department even was twice as high (34,4%) as in the Vilnius department.

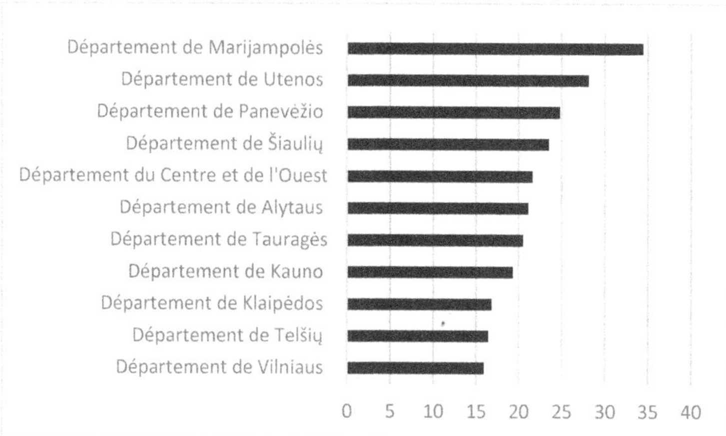

Figure 3. Share of population at risk of poverty in 2021, %

Source: data from Statistics Lithuania, 2021.

The dynamics of the share of population at risk of poverty reveals the negative tendencies over periods of 2010-2014 and 2017-2021 (Table 7). The average annual share of population at risk of poverty in 2010-2014 was lower in all departments, including the overall rate in Lithuania. If in 2010-2014 the average annual share of population at risk of poverty accounted for 19,6%, in the period of 2017-2021 that share annually on average was reaching 21,5%. The share of population at risk of poverty increased importantly in Kauno (by 13,0%), Utenos (by 20,5%) and, especially, in Marijampolės department (by more than 50%).

Table 7. Population at risk of poverty in 2010-2014 vs 2017-2021

Département	La population à risque de pauvreté en moyen, en pourcent		Changement, en pourcent
	2010-2014	2017-2021	
Lituanie	19,6	21,46	9,5
Département de Vilniaus	16	16,74	4,6
Département du Centre et de l'Ouest	20,94	23,38	11,7
Département de Alytaus	24	25,46	6,1
Département de Kauno	16,96	19,16	13,0
Département de Klaipėdos	17,9	18,96	5,9
Département de Marijampolės	21,38	32,2	50,6
Département de Panevėžio	23,64	25,26	6,9
Département de Šiaulių	23,8	26,08	9,6
Département de Tauragės	24,62	25,4	3,2
Département de Telšių	23,7	24,42	3,0
Département de Utenos	24,8	29,88	20,5

Source: data from Statistics Lithuania, 2021.

Material investment are important as there are aiming at creating the assets to be productive in a long term. Material investments per capita in Lithuania have increased from 2074 EUR in 2014 to 3171 EUR in 2020 (Table 8). In all other departments (Central and West departments) material investments were lower than on average in Lithuania in 2014 as well as in 2020. The overall growth of material investments slowed down in 2016-2020 compared to 2010-2014. The difference between the department with the highest material investments per capita (Vilnius department) and the department with the lowest material investments per capita (Tauragės department) was 3,3 times in 2014 and remains almost the same (3,2 times) in 2020. The strategic objective to reach that material investments in all departments would account at least 1200 EUR was attained already in 2018 as already in 2016 just last two departments were accounting material investments below that level.

Table 8. Material investments per capita in Lithuania

	Investissements matériels par habitant, EUR	**Changement des investissements matériels par habitant, pour cent**	**Investissements matériels par habitant, EUR**	**Changement des investissements matériels par habitant, pour cent**
Département	**2014**	**2010-2014**	**2020**	**2016-2020**
Département de Šiaulių	1248	51,8	2348	51,7
Département de Telšių	1240	54,8	1870	48,8
Département de Alytaus	1376	53,6	1504	46,9
Département de Kauno	1779	76,5	3101	46,7
Département du Centre et de l'Ouest	1594	68,1	2395	36,1
Département de Panevėžio	1116	57,0	1664	32,5
Lituanie	2074	54,7	3171	31,9
Département de Vilniaus	3069	58,4	4414	23,3
Département de Tauragės	942	47,6	1388	19,7
Département de Marijampolės	1001	44,0	1542	17,0

Département de Klaipėdos	2753	83,0	3367	16,9
Département de Utenos	1342	65,3	1186	9,2

Source: data from Statistics Lithuania, 2021.

The direct foreign investment are heading mainly towards Vilnius department (Figure 4). Absolute highest rate of investments per capita is concentrated in Vilnius department, where they reached more 20 000 EUR per capita in 2020. All other departments generated around or less than 5 000 EUR per capita of foreign direct investments. The foreign direct investment in Tauragės and Marijampolės departments accounted more than 20 times lower investments per capita than in Vilnius departments.

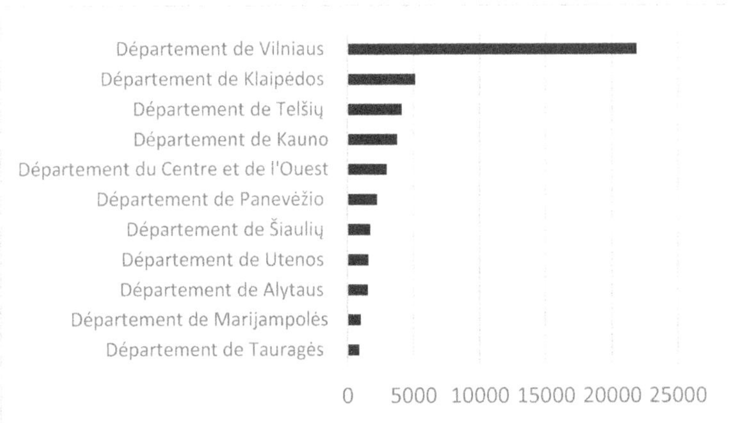

Figure 4. Foreign direct investments per capita in 2020, EUR

Source: data from Statistics Lithuania, 2021.

The dynamics of foreign direct investments over longer period of time is rather stagnating or even degrading (Table 9) in terms of its differences among departments. Foreign direct investments per capita were decreasing in Klaipėdos, Tešių, Kauno, Marijampolės departments in relation to those investments in Vilnius department. If in 2010-2014 the average annual foreign direct investments in those regions, respectively, accounted for 28%, 55%, 22% and 7% of the foreign direct investments per capita in Vilnius department, in 2016-2020 they accounted just 27%, 21%, 20% and 6% of the foreign direct investments per capita in Vilnius department. In other departments rather marginal increase in that share was detected. Generally, in all Central and Western departments the decrease on foreign direct investments (from 17% of foreign direct investment per capita in Vilnius department in 2010-2014 to 15% of foreign direct investments per capita in Vilnius department in 2016-2020) was identified in relation to foreign direct investments in Vilnius department.

Table 9. Dynamics of foreign direct investments per capita during periods of 2010-2014 and 2016-2020

Département	Investissement direct par habitant, moyenne annuel de la période de, EUR/habitant		Index ou Département de Vilniaus = 100	
	2010-2014	2016-2020	2010-2014	2016-2020
Département de Vilniaus	11156	16667	100	100
Département de Klaipėdos	3140	4424	28	27
Département de Telšių	6141	3580	55	21
Département de Kauno	2434	3309	22	20
Département du Centre et de l'Ouest	1892	2542	17	15
Département de Panevėžio	960	1806	9	11
Département de Šiaulių	627	1437	6	9
Département de Utenos	340	1430	3	9

Département de Alytaus	697	1221	6	7
Département de Marijampolės	749	971	7	6
Département de Tauragės	150	577	1	3

Source: data from Statistics Lithuania, 2021.

The comparative analysis of regional development results, presented here above, reveals the lagging performance or underperformance of regional development as regional differences remain rather stable and in some areas degrading.

Discussion

The economic and social or regional development in Lithuania being rather underperforming, there is a need to search for causes of the present situation. In that research we presumed and focus on problems of strategic planning for regional development. The strategic planning model of regional development in Lithuania is still evolving. The Parliament of Lithuania is responsible for the adoption of regulations on regional policy and regional development and implements parliamentarian control. The Government of the country is responsible for the strategic decision making. The Ministry of Interior in Lithuania is responsible for formulation and coordination of regional policy, while other ministries are responsible for the implementation of the specific measures. The Ministry of Finances is responsible for European regional support programming (planning of finances). The National Regional Development Council is responsible for the coordination of strategic decision among national, regional and local institutions and social partners. There are also departmental development councils, where municipalities participate in preparation and implementation of strategic documents. Functions of secretariat for these councils are implemented by the Regional Development Department under the Ministry of Interior. The fact that the regional development strategic objective are not met and the gaps among departments are not closing up, the constant search for a better strategic planning model is in focus. In 2010 the administrative reform was implemented that abolished departments as administrative bodies (they remained used, practically, just for statistical purposes). However, in 2020 the regional development councils (strengthened its functionality) were introduced in order to strengthen coordination among neighbouring municipalities (middle level reinforced). The need for that more effective horizontal coordination is due to the fact that previously municipalities were acting based on their individual fragmented interests and not based on integrative systemic interests of greater territory than individual municipality. For now it is not clear, if the undertaken improvement of the administrative model will be more effective. The evaluation of administrative model can be developed further in 2023, if the present improvements won't show expected results. The strategic planning model of regional development is rather centralized, despite the separation of functions among institutions. That centralization comes from the low financial independency of municipalities, inefficient coordination among municipalities and rather high centralization of financial power at the central government level. Not surprisingly, municipalities rather act as individual agents directly with the central government, while leaving other regional development institutions being just a formal players. That is supported by conclusions made by Dąbrowski (2012, 2014) who states, after the analysis of regional strategic planning in Central and Easter Europe countries, that the planning process is still shallow, the emphasis while planning is put on absorption of financial support (EU funds), the network of interested parties is highly patronized, and the decision making power is highly absorbed of by the central administration while limiting the possibilities to integrate local specific interests. Lithuania seems to be falling in to the category of countries where the response to regional disparities is a focus on national economic growth despite of these differences as it was identified by Krasniqi

(2019). It can be presumed that in Lithuania the accumulation of individual municipalities competitive (economic and social) aspirations are still preventing the economic and social performance at a national or sub-national levels (Dimitriou and Thomson, 2007). It is also right to mention that according Surowiecki (2004) that better strategic decision are made by the crowd of people then by a restricted group of experts. Lack of proximity among interested parties that would support better learning and communication can be one of the key factors that for now disturb the effectiveness of economic regional development as it was noticed being an important factor by Riva (2012).

Conclusions

The focus of the research is to reveal the failure of strategic planning of regional development in Lithuania. Even if it experienced administrative reforms and amendments, the last ten years of regional development policy implementation were witnessing stagnating or, in some areas, degrading cohesion among departments in Lithuania. And all these results should be assigned to unsolved effectiveness of strategic planning of regional development, where individualism at a local level, overuse of decision making power and over centralization of it at the national level, and underdeveloped coordinative, negotiate and communicative powers at middle level created blocks for vertical and horizontal networks of trust.

The present research has practical value as its comparative analysis of economic and social indicators covers the period of ten years (embracing two strategic periods in Lithuania). At the same time it should be noted that the problem of strategic planning of regional development is rather well known in Lithuania, but still not resolved. Thus, the purpose of this article would be to initiate debates on the issue and to solve the long standing problem and to come to critical cost-benefit analysis of the regional policy, in case it does not help achieve strategic objectives.

The present research lack of qualitative analysis of strategic planning model as well as extended quantitative analysis at the municipalities' level and that could become the guidelines for the further research.

References:

Berthet, Th., 2008. Les enjeux de l'évaluation territorial des politiques publiques // *Informations sociales*, Vol. 6, No. 150.
Dąbrowski, M., 2012. Towards Strategic Regional Development Planning in Central and Eastern Europe? // *Regional Insights,* Vol. 3, Issue 2.
Dąbrowski, M., 2014. Towards Place-Based Regional and Local Development Strategies in Central and Eastern Europe? EU Cohesion Policy and Strategic Planning Capacity at the Sub-National Level // Local Economy, Vol. 29, Issue 4-5.
Dimitriou, H.T., Thomson, R., 2007. *Strategic Planning for Regional Development in the UK.* London: Routledge.
Douillet, A.-C., 2003. Les élus ruraux face à la territorialisation de l'action publique // *Revue française de science politique*, Vol. 4. No. 53.
Gavriilidis, G., Metaxas, T., 2017. Strategic Planning and City/Region Development: Review, Analysis, Critique and Applications of Greece // MRPA Paper, No. 81131.
Haughton, G., Councell, D., 2004. *Regions, Spatial Strategies and Sustainable Development.* London: Routledge.
Krasniqi, I., 2019. Strategic Management for Regional Economic Development and Business Sustainability: Countries in Transition // *International Journal of Economics and Business Administration*, Vol. VII, Issue 4.
Maillefert, M., Screnci, N., 2009. Politique publique et action collective territorial. Une analyse de la politique environnement-emploi de la Région Nord-Pas de Calais // Développent durable et territoires, Varia (2004-2010).

Mason, R.O., Mitroff, 1981. Challenging Strategic Planning Assumptions: Theory, cases and techniques. New York: John Wiley & Sons.
OECD, 2021. OECD Skills Strategy Lithuania: Assessment and Recommendations. OECD Skills Studies. Paris: OECD Publishings.
Riva, A., 2012. *Planification stratégique régionale, coordination inter-organisationnelle et logique de développement territorial.* Rome : Aracne editrice s.r.l.
Robitaille, M., Chiasson, G., Gauthier, M., 2016. De la planification stratégique régionale à la prospective en Outaouais : la difficile construction d'un nouveau rapport à temps // Cahier de géographie du Québec, Vol. 60, Issue 170.
Salet, W., Faludi, A., 2000. Three Approaches to Strategic Spatial Planning, in *The Revival of Strategic Spatial Planning.* Amsterdam: Royal Netherlands Academy of Arts and Sciences.
Surowiecki, J., 2004. *The Wisdom of Crowds: Why the many are smarter than a few.* London: Little Brown.
The Government of Lithuania, 2005. The Regulation of Lithuania's Government on Lithuania's Regional Development Strategy Until 2013, May 23, 2005, No. 575, 2005.
The National regional council, 2017. White Book on Lithuania's Regional Policy for Harmonious and Sustainable Development 2017-2030 approved by the decision of the National Regional Council on December 15, 2017.
Vasilevska, L., Vasic, M., 2009. Strategic Planning as a Regional Development Policy Mechanism – European Context // *SPATIUM International Journal*, No. 21.
Zardet, V., Noguera, F., 2013. Quelle contribution du management au développement de la dynamique territorial ? Expérimentation d'outils de contractualisation sur trois territoires // *Gestion et management public*, Vol. 2, No. 2.

Chapitre 3
Développement économique et lutte contre le dépeuplement

L'Espagne vidée : le problème de la dépopulation et les voies de solution

José M. RUANO
Professeur de sciences politiques et administratives,
Université Complutense de Madrid

1. Introduction.

En 2021, un juge espagnol a retiré la garde de son bébé à une mère pour avoir vécu dans ce qu'elle appelle la "Galice profonde", en référence à une petite ville de la province de La Coronne. Elle a justifié sa décision par le fait qu'avec le père, l'enfant serait élevé dans une "ville cosmopolite", "avec toutes sortes d'infrastructures", avec "un bon hôpital" et "toutes sortes d'écoles", faisant référence à la ville de Marbella dans la province de Malaga. Pour le juge, les conditions offertes par Marbella, qui compte plus de 150 000 habitants, "offrent de multiples possibilités pour le bon développement de la personnalité de l'enfant et pour qu'il grandisse dans un environnement heureux". Cette décision judiciaire, qui utilise la pénurie de ressources dans le monde rural comme argument pour priver une mère de son enfant, reflète l'abandon des zones rurales, l'écart croissant entre l'Espagne peuplée et l'Espagne vidée, et compromet l'un des principes constitutionnels les plus fondamentaux, celui de l'égalité de tous les citoyens indépendamment de leur lieu de résidence.

Selon les baromètres successifs du Centre de Recherches Sociologiques (CIS, 2019-2022), le dépeuplement des zones rurales est systématiquement perçu comme un problème grave ou très grave sur lequel les gouvernements successifs n'ont pas réussi à agir efficacement depuis des décennies. En outre, il s'agit d'un problème qui, comme nous l'avons vu plus haut, affecte l'égalité entre les personnes et la cohésion territoriale, un aspect qui revêt une énorme importance politique et qui constitue une partie essentielle du Traité sur le Fonctionnement de l'Union Européenne, qui la considère comme un élément fondamental pour promouvoir une croissance harmonieuse pour l'ensemble de l'Union et qui accorde une attention particulière "aux zones rurales, aux zones où s'opère une transition industrielle et aux régions qui souffrent de handicaps naturels ou démographiques graves et permanents telles que les régions les plus septentrionales à très faible densité de population et les régions insulaires, transfrontalières et de montagne" (art. 174).

La lutte contre la dépopulation est donc une lutte contre l'injustice et l'inégalité qui n'a pas été entreprise en Espagne malgré les profonds changements institutionnels et politiques qui ont eu lieu avec l'arrivée de la démocratie et qui étaient basés sur une forte décentralisation des pouvoirs en faveur des régions, en assumant des responsabilités majeures dans l'aménagement et la gestion du territoire et le tourisme, parmi beaucoup d'autres.

Pour sa part, la covid-19 s'est concentrée sur les déséquilibres territoriaux du pays et a accéléré les processus de changement structurel dans deux domaines liés à la localisation physique de la population : la numérisation et le télétravail, offrant de nouvelles opportunités et se présentant peut-être comme des alliés potentiels des politiques de développement rural et de lutte contre le dépeuplement.

Les sections suivantes montrent l'ampleur réelle du problème de la dépopulation en Espagne et ses variables démographiques les plus pertinentes. Pour ce faire, nous allons d'abord montrer l'évolution du problème espagnol dans son contexte européen, ensuite, l'évolution et l'intensité du problème d'un point de vue territorial ; les dernières mesures adoptées par le gouvernement central pour atténuer ses effets seront enfin mentionnées.

2. Évolution de la dépopulation en Espagne.

En termes de degré d'urbanisation, le pourcentage de la population vivant dans les villes espagnoles est similaire à celui des pays voisins. Selon les Nations Unies, la population urbaine mondiale a doublé depuis 1950, passant de 29,6 % à 56,2 %, tandis qu'en Europe, ce pourcentage a atteint 81,4 % (Nations Unies, 2022). Le taux d'urbanisation de l'Espagne est actuellement légèrement supérieur à la moyenne européenne de 80,8%.

La particularité du cas espagnol n'est donc pas le taux d'urbanisation, typique des pays industrialisés occidentaux, mais sa forte concentration, qui est parmi les plus élevées d'Europe, tant dans les zones urbaines que rurales. La densité de population est donc inférieure à la moyenne européenne.

En d'autres termes, la population espagnole est concentrée sur une petite partie de son territoire, représentant 12,7 % du total, contre 67,8 %, 59,9 % et 57,2 % dans des pays comme la France, l'Allemagne et l'Italie, respectivement. Ainsi, les 93 habitants par kilomètre carré sont loin des 119 de la France, des 240 de l'Allemagne ou des 206 de l'Italie, pour reprendre les mêmes exemples (Banque d'Espagne, 2020), bien que cette densité soit plus élevée que dans des pays comme la Grèce et les pays scandinaves, caractérisés par leurs spécificités géographiques ou des conditions climatiques extrêmes que l'on ne retrouve pas dans la péninsule ibérique. On peut donc affirmer que l'Espagne est un cas unique, caractérisé par sa faible proportion de zones habitées et sa forte concentration de population.

Dans le processus d'urbanisation en Espagne, on peut distinguer des étapes différentes. La première est le résultat d'une migration intense des zones rurales vers les centres urbains, c'est-à-dire d'un "exode rural" qui a commencé dans les années 1950 et a duré trois décennies jusqu'aux années 1980, lorsque le processus d'industrialisation a atteint son point culminant. Au cours de cette période, le taux d'urbanisation est passé de 59,6 % à 79,6 % (Banque d'Espagne, 2020). Ces migrations internes sont le reflet d'un changement structurel économique dans lequel le secteur primaire perd du poids au profit de l'industrie et des services, ce qui est la manifestation logique de la transformation inhérente au développement de toute économie. La perte de population dans l'Espagne intérieure, associée à la destruction de l'emploi dans le secteur agricole, a été compensée par l'augmentation de la population dans les zones plus industrialisées et de services, donnant lieu à une forte disparité démographique et économique entre les provinces espagnoles (Collantes et Pinilla, 2019).

En conséquence, certaines zones à forte concentration de population se sont formées : Madrid, le Pays Basque, les archipels, les côtes méditerranéenne et atlantique et l'Andalousie occidentale, tandis que d'autres zones ont un taux de population très faible : les deux Castilles, la Galice intérieure, l'Andalousie orientale et une partie de l'Estrémadure. Cette Espagne dépeuplée se caractérise par des taux de croissance négatifs et par une densité de population inférieure à la moyenne nationale, et est représentée par 23 des 50 provinces espagnoles.

Une deuxième étape du processus d'urbanisation commence dans les années 1990 et se distingue par la poursuite du processus d'urbanisation, bien qu'à un rythme beaucoup plus lent (avec une augmentation d'environ 2 points de pourcentage pour atteindre plus de 80 % d'urbanisation), et causée par la croissance des zones urbaines face à la perte de population dans les zones rurales, cette fois-ci en raison du vieillissement de la population. L'immigration, mais cette fois d'origine étrangère, a joué un rôle important dans cette croissance des zones urbaines.

Ainsi, on peut dire que le dépeuplement de l'Espagne intérieure a eu lieu principalement entre 1950 et 1991, avec une forte intensité dans les années 1960 et 1970, de sorte que trois habitants sur quatre ont disparu au cours de ces années au profit des centres urbains.

3. Les effets de la dépopulation de l'Espagne intérieure.

Le phénomène de la dépopulation des zones rurales n'affecte pas seulement le volume total de la population ou l'équilibre territorial, mais aussi la structure démographique du pays. En moyenne, 20% de la population espagnole a plus de 65 ans, soit 5 points de plus qu'en 2001 (INE, 2022), mais certaines provinces espagnoles dépassent même les 25%. D'autre part, les provinces à faible densité de population ont également tendance à avoir une population jeune moins nombreuse. Cette perte de population est donc en corrélation avec les effets d'une population très âgée. Ainsi, dans les communes de moins de 5 000 habitants, une personne sur quatre a plus de 65 ans, et dans les communes de moins de 1 000 habitants, cette proportion s'élève à plus de 30% (INE, 2022). Le taux de natalité espagnol est négatif depuis 2015 et se ressent surtout dans le centre et le nord de la péninsule, où dans des régions comme la Galice, les Asturies et Castille et Léon, la différence entre les naissances et les décès est négative depuis les années 1980.

D'un point de vue économique, le faible développement des secteurs de l'industrie et des services dans ces provinces n'a pas permis de retenir la population en âge de travailler. Ainsi, entre 1950 et 2000, les 23 provinces qui composent l'Espagne dépeuplée ont perdu 2,01 millions d'emplois dans l'agriculture, tandis que seulement 1,44 million d'emplois ont été créés dans les autres secteurs productifs, le solde final étant la destruction de 571 000 emplois. En revanche, dans les 27 autres provinces, la perte de 2,41 millions d'emplois dans le secteur primaire a été plus que compensée par la création de 8,25 millions dans les autres secteurs, avec un solde positif de 5,84 millions (Bandrés et Azón, 2020).

En outre, toutes les provinces qui se sont dépeuplées, à l'exception de Saragosse et de La Rioja, avaient déjà des niveaux de valeur ajoutée brute inférieurs à la moyenne nationale depuis les années 50, et 17 des 23 provinces occupaient les 20 dernières positions du classement des provinces espagnoles, ce qui montre que les facteurs économiques liés au niveau de vie dans ces provinces ont été déterminants dans les processus migratoires vers des provinces offrant de meilleurs niveaux de vie.

Du point de vue de l'impact sur le territoire, certaines données reflètent clairement l'ampleur du problème du dépeuplement en

Espagne : 4 des 17 communautés autonomes espagnoles ont perdu de la population tout au long du XXIe siècle (Estrémadure, Galice, Asturies et Castille et Léon), et 9 ont également perdu de la population au cours de la dernière décennie (outre les communautés susmentionnées, Aragon, Cantabrie, Castille-La Manche, Communauté de Valence et La Rioja).
Au niveau municipal, le problème est très visible : 5 102 des 8 131 municipalités espagnoles ont perdu de la population depuis 2001, et 3 municipalités sur 4 ont perdu des habitants au cours de la dernière décennie.
L'Espagne compte 6 815 municipalités de moins de 5 000 habitants, pour une population de 5,7 millions de personnes, soit 12 % du total. Et 82% (5 620) de ces municipalités ont perdu de la population au cours de la dernière décennie. Dans les communes de moins de 1 000 habitants (4 995), 86 % sont touchées par le dépeuplement, bien que 1,4 million d'habitants y vivent encore. Cependant, le phénomène de la dépopulation touche même les petites villes et les capitales provinciales, dont 29 sur un total de 50 ont perdu de leur population au cours des dix dernières années.
Au dépeuplement s'ajoutent les problèmes liés à la dispersion territoriale et à la faible densité de population, qui rendent difficile le maintien des citoyens dans ces zones géographiques et la fourniture efficace de services publics. Ainsi, la densité moyenne en Espagne est de 93 habitants par kilomètre carré (inférieure à la moyenne européenne de 120 habitants/km). Cependant, cette faible densité de population est accentuée dans 926 communes dont la densité de population est inférieure à 12,5 habitants, ce qui est, comme on le verra plus loin, ce que l'Union Européenne considère comme le seuil de risque démographique. D'un point de vue territorial, bon nombre de municipalités voient leur subsistance menacée si leur composition démographique n'est pas inversée. En d'autres termes, il existe un grand nombre de municipalités rurales qui ont connu une croissance végétative négative continue au fil des ans (dans 8 municipalités sur 10, il y a eu plus de décès que de naissances au cours de la dernière

décennie) et ont perdu de la population au cours des deux dernières décennies, même à des moments où la population espagnole dans son ensemble a augmenté. Ces "municipalités menacées de dépeuplement" se caractérisent donc par une baisse continue de la population au cours du siècle actuel et une densité de population inférieure à 12,5 habitants par kilomètre carré, conformément à la définition utilisée dans la résolution P8_TA (2019)0303 du Parlement européen pour le Fonds Européen de Développement Régional et le Fonds de Cohésion afin d'identifier les territoires confrontés à des défis et handicaps naturels ou démographiques.

En utilisant ce critère de définition, il est alors possible d'identifier 3 403 municipalités à risque de dépeuplement, ce qui représente 42% des municipalités espagnoles, dans lesquelles ne résident cependant que 2,3% de la population totale, soit environ un million de personnes réparties sur 243 000 kilomètres carrés, c'est-à-dire 48% de la superficie de l'ensemble du pays. Ce taux correspond, comme mentionné ci-dessus, à celui de pays tels que l'Estonie, la Lettonie ou la Finlande, avec un pourcentage tout aussi élevé de territoire inhabité, où les conditions climatiques et géographiques rendent difficile le maintien et l'attractivité des jeunes.

Sur les 8 131 municipalités d'Espagne, 4 995 (61,4 %) ne comptent pas plus de 1 000 habitants et 1 286 (15,8 %) ont moins de 100 habitants. En à peine deux décennies, 452 municipalités ont rejoint la liste des municipalités de moins de 100 habitants et se trouvent donc dans une situation démographique critique (INE, 2022).

Figure 1. Évolution de communes de moins de 100 habitants

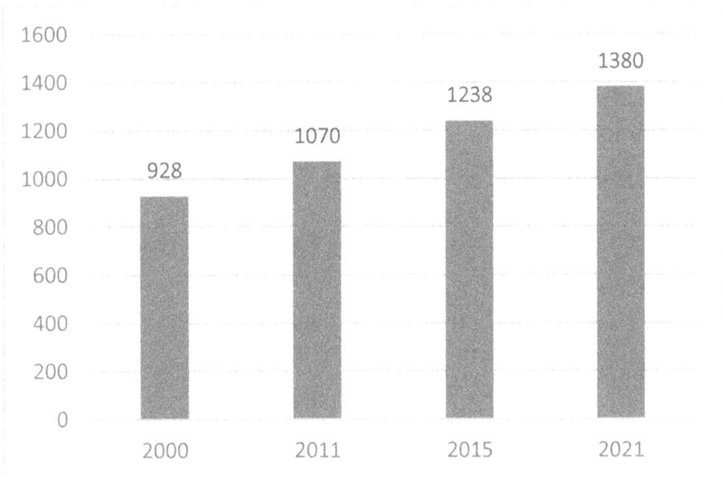

Source: élaboration propre sur la base des données de l'Institut National de Statistique (INE)

Le changement de régime politique, de la dictature à la démocratie, et les profonds processus de décentralisation n'ont pas réussi à arrêter le flux migratoire des campagnes vers les villes, malgré le fait que les communautés autonomes disposent d'un grand nombre de compétences directement liées à l'aménagement et à la gestion du territoire, ainsi qu'à la promotion de l'économie et du tourisme. Le panorama actuel montre la profonde inégalité entre les territoires du point de vue démographique, économique et social, qui sont, après tout, des inégalités entre les personnes qui n'ont pas le même droit effectif aux services publics. Par conséquent, la lutte contre la dépopulation est la lutte contre l'inégalité et l'injustice sociale.

Les municipalités rurales ont un taux de population féminine (44% contre 49%) et étrangère (7,7% contre 13,5%) inférieur à celui des municipalités urbaines, et l'accès aux services publics y est plus difficile (Alloza et al., 2021). Ainsi, alors qu'un citoyen d'une municipalité rurale doit parcourir environ 22,59 km pour accéder aux services publics locaux, un citoyen d'une municipalité urbaine doit parcourir 2,15 km en moyenne. En outre, 59% des municipalités rurales n'ont pas accès aux services financiers en raison du manque d'agences bancaires, et le déficit est également important en matière de services numériques, puisque seuls 20% des ménages ruraux disposent d'une couverture 100 MB contre 83% des ménages urbains (Banque d'Espagne, 2020 : 285-286).

Par conséquent, bien qu'il existe d'énormes différences en matière d'accès aux services publics entre les zones rurales et urbaines, il convient également de garder à l'esprit que les régions dont les zones urbaines sont plus développées possèdent également des zones rurales plus dynamiques, et donc moins de municipalités exposées au risque de dépeuplement, ce qui suggère l'existence d'un effet d'entraînement des zones urbaines sur les zones rurales environnantes.

4. Les politiques contre la dépopulation.

Les politiques publiques fondées sur des critères de localisation géographique représentent une part considérable des budgets publics et sont répandues dans l'Union européenne. En effet, deux des cinq Fonds européens structurels et d'investissement (le Fonds de Développement Régional et le Fonds Européen Agricole pour le Développement Rural), en plus de la Politique Agricole Commune, visent à contribuer à la cohésion territoriale de l'Union et au développement économique des zones rurales. En outre, le Fonds Social Européen utilise des critères de richesse relative des régions pour allouer ses ressources (Banque d'Espagne, 2020). Dans le cas espagnol, la "Stratégie Nationale contre le Défi Démographique 2030", approuvée en 2017 et financée par les fonds du " Plan de Relance, de Transformation et de Résilience " dans le cadre de l'objectif 5 des fonds européens 2021-2027, a pour principal objectif de lutter contre le vieillissement de la population et le dépeuplement des territoires. Les politiques mises en œuvre par les administrations publiques espagnoles ont été de deux types : d'adaptation à la dépopulation et d'atténuation de la dépopulation. Les premiers visent à garantir la fourniture de services essentiels pour assurer le bien-être de la population rurale, tandis que les seconds cherchent à enrayer le déclin démographique et à promouvoir son développement à moyen et long terme (Copus et al., 2021).

En ce qui concerne les politiques d'adaptation, il a été très fréquent ces dernières années que les administrations territoriales supérieures (l'administration de l'État et des Communautés Autonomes) transfèrent des ressources économiques pour compenser des coûts fixes par habitant plus élevés que dans les municipalités urbaines, mais au prix de la consolidation de leur dépendance financière et de l'accentuation de l'incertitude quant aux ressources disponibles. D'autre part, le développement des services numériques et financiers dans les zones rurales peut jouer un rôle positif dans l'investissement territorial et la survie des petites et moyennes entreprises, ce qui n'est pas facile dans des populations très vieillissantes avec une profonde fracture numérique (Martín-Oliver et al., 2020).

Les politiques d'atténuation, en revanche, ont une conception globale qui tient compte des interactions entre les zones urbaines et rurales et prend en considération le contexte institutionnel, économique et social, ainsi que les relations entre les politiques publiques territoriales. C'est l'approche du Plan de Mesures pour Relever le Défi Démographique approuvé par le gouvernement central. Ce programme repose sur une approche de développement polycentrique visant à faciliter le développement des petites et moyennes villes et des zones rurales sur la base d'une stratégie d'intégration entre les zones urbaines et rurales. Le plan comporte 130 mesures organisées en 10 grandes lignes d'action qui touchent différents secteurs d'action, mais qui ont un effet théorique sur la cohésion territoriale.

Tableau 1 : Principales lignes d'action du Plan de Mesures pour Relever le Défi Démographique

1. Dynamiser la transition écologique
2. Transition numérique et connectivité territoriale complète
3. Développement et innovation sur le territoire
4. Promotion du tourisme durable
5. Égalité des droits et des chances pour les femmes et les jeunes
6. Promotion de l'esprit d'entreprise et de l'activité commerciale
7. Renforcer les services publics et stimuler la décentralisation
8. Économie de la protection sociale et des soins
9. Promotion de la culture
10. Réformes politiques et institutionnelles

Source: Ministère de la Transition Écologique et du Défi Démographique, Plan de Mesures pour Relever le Défi Démographique.

La conception et la mise en œuvre du Plan exigent un effort de coordination interministérielle et de gouvernance à plusieurs niveaux dans la mesure où il propose un programme commun avec les Communautés autonomes et les Administrations locales. De même, en raison des questions abordées par le plan, il requiert la participation conjointe des acteurs publics et privés dans la phase de la conception et de la mise en œuvre des programmes d'action par la création d'alliances public-privé avec le secteur des entreprises, les entités du troisième secteur ou avec l'ensemble des citoyens organisés.

Ainsi, comme on peut le constater, le Plan intervient dans différents secteurs tels que le développement du tourisme, la promotion de l'activité économique sur le territoire, les politiques d'égalité entre les hommes et les femmes, les politiques d'aide sociale et la "silver économie".

La crise de la covid-19 a mis en évidence les inégalités existantes entre les territoires, mais, dans le même temps, elle a également révélé l'importance de préserver certaines valeurs sociales (l'entraide, par exemple), les valeurs environnementales et le rôle essentiel que la numérisation peut jouer dans le maintien de l'emploi, dans le contact à distance, dans les programmes de formation ou dans le développement des entreprises. En ce sens, les défis posés par la numérisation, le vieillissement de la population dans les zones rurales, la durabilité environnementale et la transition énergétique peuvent être considérés à la fois comme des opportunités de développement et comme un frein au dépeuplement.

La formation numérique dans les zones rurales et le développement d'infrastructures numériques à large bande réduiraient le fossé entre les municipalités urbaines et rurales et permettraient à ces dernières d'améliorer leur accès au télétravail, aux services publics et au commerce électronique.

Les programmes destinés aux personnes âgées, qui sont de plus en plus nombreuses et demandent de nouveaux services publics adaptés à leurs besoins, pourraient générer de nouvelles opportunités commerciales et des partenariats public-privé dans le domaine des services résidentiels ou de loisirs liés à ce secteur de la population.

Enfin, le développement de sources d'énergie alternatives offre également de nouvelles opportunités pour l'industrie énergétique dans les zones rurales où elle n'est pas encore bien établie. En effet, une grande partie de la capacité installée des énergies renouvelables se trouve actuellement dans des installations situées dans des communes rurales (Banque d'Espagne, 2020).

5. Conclusions.

Dans le contexte européen, l'Espagne est un pays faiblement peuplé. Sa densité de population est inférieure d'un quart à celle de la France, de moins de la moitié de celle de pays comme l'Allemagne et l'Italie, et d'un tiers de celle du Royaume-Uni, si l'on ne prend en compte que les grands pays.

Toutefois, au cours du XXe siècle, l'Espagne a connu une période de forte croissance démographique, à l'instar des pays voisins, et sa population a doublé en moins de cent ans, passant de 20 millions d'habitants en 1900 à plus de 47 millions en 2022.

Cependant, la mécanisation de l'agriculture, l'industrialisation et l'urbanisation qui en a résulté ont donné lieu à des schémas de migration interne très inégaux entre les territoires, créant des zones urbaines à forte concentration de population sur la périphérie côtière du pays et autour de la région de Madrid, et des zones rurales à l'intérieur du pays avec une population très âgée et de petites municipalités à la croissance végétative négative continue.

L'anomalie espagnole dans son contexte européen est son pourcentage élevé de territoire inhabité avec des municipalités qui risquent de disparaître, alors que la population jeune et l'emploi qualifié sont concentrés dans les grandes villes.

La forte décentralisation régionale, qui est l'un des traits distinctifs de la Constitution de 1978, et la prise en charge par les Communautés autonomes d'importantes compétences en matière de développement économique, de tourisme et d'aménagement du territoire, n'ont pas réussi à inverser la dépopulation du monde rural et la concentration de la population dans les villes. Depuis des décennies, des politiques infructueuses ont été mises en œuvre pour s'adapter à la dépopulation et en atténuer ses effets néfastes.

Reférences:

Alloza, M. et al. (2021): *El acceso a servicios en la España rural*, Documentos Ocasionales n° 2122, septiembre, Madrid: Banco de España.

Bandrés, E. et Azón, V. (2020): *La despoblación de la España interior*, Madrid: FUNCAS.

Banque d'Espagne (2020): *Informe anual*, Madrid: Banque d'Espagne.

Centro de Estudios Sociológicos (CIS) (2019-2022): *Barómetros de opinión pública*, https://www.cis.es/cis/opencm/ES/11_barometros/index.jsp

Collantes, F. et Pinilla, V. (2019): *¿Lugares que no importan? La despoblación de la España rural desde 1900 hasta el presente*, Zaragoza: Prensas de la Universidad de Zaragoza.

Copus, A. et al. (2021): European shrinking rural areas: Key messages for a refreshed long-term vision, *Revista de Desarrollo Local*, n° 8, pp. 280-309, DOI 10.7203/terra.8.20366

Instituto Nacional de Estadística (INE) (2022): *Bases de données démographiques*, https://www.ine.es/jaxiT3/Tabla.htm?t=1488

Martín-Oliver, A. et al. (2020): The real effects of bank branch closings and restructurings, juillet 7, Disponible à SSRN: http://dx.doi.org/10.2139/ssrn.3644878

Nations Unies (2022): *World Population Prospects*, New York: Nations Unies.

Traité sur le Fonctionnement de l'Union Européenne, Journal Officiel de l'Union Européenne, https://eur-lex.europa.eu/legal-content/FR/TXT/PDF/?uri=CELEX:12012E/TXT

Les phénomènes de dépeuplement en Hongrie

Istvan TEMESI
Maître de conférences,
Université nationale du service public

I. Introduction - La Hongrie en quelques chiffres

1. Démographie

Si on examine les données concernant la démographie, la population totale de la Hongrie est de 9.730.772 d'habitants au 1er janvier 2021. La densité est de 105 habitants/km². Comme le tableau n° 1 le montre, le nombre de la population de la Hongrie est en train de se réduire, ce qui est un phénomène constant depuis 40 ans.

Tableau No. 1. La population de la Hongrie, 1980-2021

1980	1990	2020	2021
10 709 463	**10 374 823**	**9 769 526**	**9 730 772**

Tableau rédigé par l'auteur sur la base des données officielles de l'Office National des Statistiques (KSH), Hongrie. Source : KSH - https://www.ksh.hu/stadat_files/nep/hu/nep0001.html - 29.11.2021.

Il ne s'agit pas de dépeuplement de la Hongrie bien sûr et on verra qu'il y a des différences concernant la diminution de la population tout d'abord selon le type des communes. Les causes de la diminution de la population sont les mêmes ou sont similaires à celles des pays européens y compris l'émigration. Si on examine les causes de la diminution de la population, il y en a plusieurs, mais les deux causes les plus importantes sont la dénatalité et l'émigration. Le tableau n° 2 montre la dénatalité des trois décades précédentes en chiffres. Il est ainsi visible que le nombre des naissances en Hongrie baisse constamment depuis des décades.

	1990	2000	2010	2018	2019	2020
Nombre des naissances	125.679	97.597	90.335	89.807	89.193	92.338

Tableau No. 2. La dénatalité en Hongrie.

Tableau rédigé par l'auteur sur la base des données officielles de l'Office National des Statistiques (KSH), Hongrie. Source : KSH - https://www.ksh.hu/stadat_files/nep/hu/nep0006.html - 29.11.2021.

L'émigration est l'une des causes significatives de la réduction de la population. L'émigration en chiffres est présentée par le tableau n° 3. La tête de la vague de l'émigration a été l'an 2015, quand 32.852 personnes ont quitté leur pays. Maintenant, en 2021, le nombre des citoyens hongrois qui vivent à l'étranger est de 509.961.

2010	2011	2012	2013	2014	2015
7 318	**12 413**	**12 964**	**21 580**	**31 385**	**32 852**

2016	2017	2018	2019	2020
29 425	**26 957**	**23 808**	**21 900**	**19 322**

Tableau No. 3. L'émigration de la Hongrie.

Tableau rédigé par l'auteur sur la base des données officielles de l'Office National des Statistiques (KSH), Hongrie. Source : KSH - https://www.ksh.hu/stadat_files/nep/hu/nep0030.html - 29.11.2021.

Ces données concernant la régression de la population ne disent pas beaucoup elles-mêmes si on ne considère pas le contexte territorial.

2. Le caractère du territoire en chiffres

Le nombre des communes en Hongrie est de 3155. La composition du nombre des communes selon leurs statut est la suivante : la capitale est Budapest et il y a 24 métropoles, 322 villes, 129 grand-villages et 2680 villages. Si on classe les communes selon leur fonction, ces catégories ou plutôt ces types ne sont pas équivalents à la classification sur la base de leur statut.

Type de communes	1980	1990	2020	2021
Budapest	2 059 226	2 016 681	1 750 216	1 723 836
Villes	5 374 902	5 362 319	5 130 058	5 102 987
Villages	3 275 335	2 995 823	2 889 252	2 903 949
Total	**10 709 463**	**10 374 823**	**9 769 526**	**9 730 772**

Tableau No. 4. La répartition de la diminution de la population selon la classification des communes.

Tableau rédigé par l'auteur sur la base des données officielles de l'Office National des Statistiques (KSH), Hongrie. Source : KSH - source : https://www.ksh.hu/stadat_files/nep/hu/nep0037.html - 29.11.2021.

Si on examine les tendances de la diminution de la population dans les catégories différentes des communes, les données nous font constater que

- Budapest a perdu une partie considérable de sa population surtout après 1990, l'année de la transition politique et sociale. Mais il faut mentionner que dans ce cas, la capitale a perdu ses habitants au profit de sa banlieue. Le quart de la population de Hongrie vit encore dans la capitale et juste autour de Budapest. C'est la région centrale[98] du pays dont la population est de 2.971.246 d'habitants en 2021. L'agglomération de Budapest se situe au cœur de la Région Centrale qui se compose de 81 communes et la population de cette agglomération est de 2.614.273 d'habitants en 2021.
- Les villes maintiennent leurs populations, mais les villages ont subi des pertes considérables.

Ces sont les villages, les communes les plus petites qui sont affectés le plus gravement par la régression de la population. Les phénomènes de dépeuplement menacent certains villages. Ces

[98] Cette région, qui s'appelle la Région Centrale, se compose de Budapest et du Département Pest.

sont les villages les plus petits qui se trouvent dans les zones rurales.

3. Les origines historiques du dépeuplement des zones rurales

Les phénomènes de dépeuplement des zones rurales ne sont pas nouveaux ; ils se percevaient déjà au tournant du 19ème – 20ème siècle. A cette époque, tout d'abord les classes sociales les plus pauvres ont quitté les villages et se sont déplacées vers les villes. C'était une migration spontanée : les villes, comme centres économiques, ont attiré la force de travail.[99]
Le régime socialiste, ou officiellement dit communiste (1949-1989), a fortement discriminé la population rurale vis-à-vis des habitants urbains. La capitale et les villes industrielles qui s'appelaient « villes socialistes » ont été subventionnées et développées pendant que les fermes et les petits villages faisaient l'objet de tentatives de suppression. Par conséquent, l'approvisionnement des habitants urbains était beaucoup plus élevé que celui de la population rurale. L'origine de cette discrimination de la population rurale était pour une large part idéologique. La politique communiste manifestait toujours de l'aversion pour la paysannerie, qui formait une commune organique et naturelle et qui gardait la forme de vie traditionnelle et ses propres structures sociales. Les paysans sont devenus l'objet de la grande transformation sociale dans une société communiste. [100] Un instrument économique était la collectivisation, qui veut dire l'obligation pour les paysans, les propriétaires de terre à entrer dans la coopérative agricole

---

[99] Települések a lét határán. Erősen fogyó népességű törpefalvak Magyarországon. KSH. 2014. p. 2. - https://www.ksh.hu/docs/hun/xftp/idoszaki/regiok/fogyonep.pdf - 29.11.2021.

[100] Horváth Attila: „Nem ismerjük el az 1949. évi kommunista alkotmányt, mert egy zsarnoki uralom alapja volt, ezért kinyilvánítjuk érvénytelenségét". In.: Rendhagyó kommentár egy rendhagyó preambulumról. Magyarország Alaptörvénye, Nemzeti hitvallás. (ed.: Patyi András). Dialóg Campus, Budapest. 2019. p. 413.

socialiste. Sans propriété de ses terres, la population des villages a perdu sa possibilité d'avoir une subsistance propre, ce qui constituait l'élément le plus important de la vie rurale avant. À cause de la collectivisation, les propriétaires terriens sont devenus employées dans une coopérative agricole socialiste ou ils ont quitté le secteur agricole, et parfois même le village aussi, afin de travailler dans une usine industrielle. Pendant ces décades la société rurale a été totalement transformée. [101]

Un instrument administratif était l'établissement de l'administration commune des petits villages. Dans le nouveau système de l'administration locale introduit par la Loi No. I. de 1950 sur les Conseils[102], on a installé 2978 conseils dans 3169 villages. Par conséquent, une dizaine de pour cent des villages ont perdu leur propre municipalité. 171 conseils communs fonctionnaient dans 361 villages. L'argument de cette intégration a été économique. Le principe de la politique économique de type soviétique a été que le village le plus petit était le moins rentable à maintenir. En 1950, dans les plans de développement territorial, on a fixé à 1200 le nombre d'habitants nécessaires. Si la population d'un village était de moins de 1200 habitants, la mise en service de l'infrastructure n'était pas considérée rentable. Puis ce nombre a été relevé à 1500 puis à 1600. La conséquence en pratique était que dans ces villages, aucun investissement de développement n'a été autorisé, ce qui a bloqué le développement des villages les plus petits et encouragé le départ de la population rurale vers les villes. Entre 1950 et 1970, environ 1,5 million d'habitants ruraux ont déménagé vers les villes et certains villages se sont définitivement dépeuplés.

---

[101] Horváth Attila (2019). p. 414.

[102] Cette loi s'appelle « la première loi des conseils » qui a été suivie par deux lois subséquentes modificatives en 1954 et en 1971. Le système des collectivités locales autonomes et démocratiques a été supprimé par la Constitution de 1949 et puis par la loi No. I. de 1950 sur les Conseils qui ont introduit le système de type soviet de l'administration locale en Hongrie.

Après 1960, la diminution des municipalités a continué. Dans les années 1980, le nombre de conseils était de 1372 dans 2955 villages. 2281 villages n'avaient pas de conseil propre et l'administration n'était pas présente dans 1579 villages. En moyenne, 3,3 villages avaient un conseil commun. Dans le système du conseil commun, le village a officiellement et formellement gardé son identité, ce qui veut dire que le village a son propre nom et son territoire administratif, mais la mairie se situe dans un village différent. Le village qui a donné lieu à la mairie, le centre ou le siège social de l'administration a été favorisé lors de la répartition des sources financières.

Cette intégration de l'administration a été suivie de l'intégration des coopératives agricoles, qui a résulté de la perte d'employeurs dans les villages les plus petits. Le processus ne s'est pas arrêté à l'économie : l'étape suivant a été le déplacement de l'école primaire qui a dépourvu le village des maîtres. Les établissements de santé, économiques et culturels ont été également déplacés et finalement des associations sociales, comme le club sportif local ou l'association culturelle des citoyens, ont disparu. Ces petits villages ont été dévalués et se sont retrouvés dans une situation désavantageuse et périphérique.[103]

Dans les décades 1960 et 1970, c'est la volonté politique qui a engendré la migration interne. Au centre de cette politique de développement, nous avons trouvé déjà la ville. Ce n'était plus un flux spontané. C'était la volonté politique de l'Etat et de cette politique est née la création d'une notion particulière de la politique de développement : « **la commune sans fonctions** ». En 1971, la politique du développement de l'Etat dans la forme d'une résolution du Gouvernement[104] a qualifié plus de 2000 villages comme « communes sans fonctions » et les a laissés sans

---

[103] Horváth Attila (2019). p. 415.

[104] Resolution No. 1007. du 16. Mars 1971 du Gouvernement sur le concept de développement des réseaux des communes.

ressources économique en considérant que leur développement n'était plus rentable.
Après la chute du communisme, la Constitution modifiée en 1989 et en 1990, puis la loi sur les collectivités locales[105] ont consacré le principe selon lequel chaque commune a le droit à l'autonomie. Par conséquent, la plupart des petits villages qui avaient été membres des municipalités au conseil commun ont choisi d'avoir leur propre identité. Ce nouveau statut constitutionnel n'a pas immédiatement changé les procédures économiques, sociales et démographiques. Au tournant du 20ème – 21ème siècle, une nouvelle vague de dépeuplement, mais un flux spontané cette fois, s'est déroulée quand les personnes actives, plus qualifiées, plus jeunes ont quitté les communes les plus petites et ont déménagé vers les villes. C'est l'effet à long terme de la politique économique des décades précédentes.

4. Les facteurs des phénomènes de dépeuplement contemporains

Quels sont les facteurs de dépeuplement ? Si on veut les connaitre, il faut examiner où ces dépeuplements se trouvent, les communes les plus touchées par le dépeuplement. La page No. 7 de panorama des vidéos présenté lors du colloque du 26 novembre 2021 à Limoges, qui est accessible sur le site de l'Organisation EUROPA, montre la carte de la Hongrie indiquant les communes touchées par les phénomènes de dépeuplement.[106]

4.1. Le facteur géographique

Les communes touchées par les phénomènes de dépeuplement se trouvent dans les montagnes ou dans les pays de collines, qui est un facteur géographique du dépeuplement. Ces circonstances, par exemples les montagnes et les collines, les vallées et les eaux

[105] Loi No. LXV. de 1990 sur les Collectivités Locales
[106] https://www.youtube.com/watch?v=Wu1xzPyzawc – Voir sous le titre « Le colloque en replay ».

n'ont jamais permis l'extension d'un village, qui ne pouvait pas s´accroître et ainsi devenir une ville. Dans les régions planes, les villages sont plus grands et plus étendus, parce qu'il y a toujours de l'espace pour l'accroissement et ainsi ils sont plus peuplés.[107]

4.2. Le facteur démographique : le vieillissement

La population hongroise est en train de vieillir. Depuis 10 ans, la proportion des jeunes se réduit et la proportion des personnes âgées augmente. La proportion des personnes de moins de 18 ans constitue 17% de la population totale, elle était de 18% il y a 10 ans. En revanche, la proportion des personnes de plus de 60 ans est de 26% de la population totale alors qu'elle était de 22% il y a 10 ans.[108]

645 communes hongroises comptent moins de 301 habitants. Dans 114 de ces 645 communes, la proportion de population jeune (moins de 18 ans) est de 10% ou moins de 10%. Sans intervention, ces communes vont s'arrêter d'exister dans l'avenir.[109]

L'émigration est un facteur également déterminant. Pendant les 10 dernières années, 350.000 personnes ont émigré dont la plupart avait moins de 50 ans.[110]

4.3. Les facteurs économiques : le chômage et l'infrastructure

4.3.1 Le chômage

---

[107] Települések a lét határán. Erősen fogyó népességű törpefalvak Magyarországon. KSH. 2014. p. 2. - https://www.ksh.hu/docs/hun/xftp/idoszaki/regiok/fogyonep.pdf - 29.11.2021.

[108] A lassú kihalás fenyegeti a magyar települések egyötödét. GKI. 2021. p. 1. - https://www.gki.hu/wp-content/uploads/2021/08/Eloregedes.pdf - 29.11.2021.

[109109] A lassú kihalás fenyegeti a magyar települések egyötödét. GKI. 2021. p. 2. - https://www.gki.hu/wp-content/uploads/2021/08/Eloregedes.pdf - 29.11.2021.

[110] A lassú kihalás fenyegeti a magyar települések egyötödét. GKI. 2021. p. 1. - https://www.gki.hu/wp-content/uploads/2021/08/Eloregedes.pdf - 29.11.2021.

Heureusement, le chômage en général n'est pas le problème le plus grave de la Hongrie. En 2020, qui est la première année influencée par la pandémie de COVID 19 où l'économie a perdu de sa vitesse, la proportion des personnes sans-emploi est de 4,1 %, mais avant la pandémie, en 2019, ce chiffre était de 3,3 %.[111] L'économie hongroise est aujourd'hui plutôt menacée par l'insuffisance de travailleurs. Mais dans les communes les plus petites, le chômage est un problème grave, plus grave qu'ailleurs. Il existe une corrélation entre le vieillissement et le chômage : les personnes actives qui ne trouvent pas de travail dans une commune déménagent et essaient d'en trouver dans les villes, ce qui conduit à la migration des jeunes.[112]

4.3.2 L'infrastructure

A cause de la politique économique du 20ème siècle qui a traité ces villages comme des communes sans fonctions, l'infrastructure y a été sous-développée et elle est toujours sous-développée maintenant. Surtout l'absence de la mobilité de la force de travail est un problème important, qui conduit à un taux de chômage plus élevé dans ces villages. S'il n'y a pas de chemin de fer, ni de trajets d'autocar plusieurs fois par jour, ni de routes de bonne qualité, l'accès au travail est difficile.

La plupart des petites communes sont des impasses. Nous les appelons « un village en cul-de-sac ». Un tel village n'est accessible que par une seule direction en route. Il n'y a pas de trafic de transit, ni en autoroute, ni en train. Personne n'y va, sauf celui qui y habite ou qui y a quelque chose de particulier à faire. Généralement, en Hongrie la route qui y conduit est mal entretenue, parce que les routes plus fréquentées sont prioritaires pour les réparations.

---

[111] https://www.ksh.hu/stadat_files/mun/hu/mun0001.html - 02.12.2021.

[112] A lassú kihalás fenyegeti a magyar települések egyötödét. GKI. 2021. p. 1. - https://www.gki.hu/wp-content/uploads/2021/08/Eloregedes.pdf - 29.11.2021.

L'infrastructure sociale est aussi sous développée dans les petites communes : il n'y a pas d'école, ni de jardin d'enfants qui leur sont propres. Il n'y a pas de magasins ni de restaurants, ni de centres culturels, ni de cabinets de médecins. Bien que ces petites communes aient le droit à l'autonomie, et qu'elles aient un conseil et une mairie, l'administration agit ailleurs, dans une ville centrale près de la commune.[113]
Selon un sondage, plus de la moitié de la population des villages a son lieu de travail dans une commune différente de celle de son domicile. Si on examine la population des villages, plus de la moitié est moins qualifiée, ce qui veut dire que la plupart des intellectuels, des personnes diplômées vivent plutôt dans les villes.[114]

II. Les institutions de développement économique des territoires en Hongrie

Si on veut comprendre les relations entre la politique de développement économique et régional et le dépeuplement, il faut connaître les institutions administratives, plus particulièrement les collectivités locales et territoriales, mais aussi les institutions de la politique de développement régional.

1. Les institutions administratives

L'autonomie territoriale, les structures autonomes sont de deux types : les collectivités locales et les collectivités territoriales. Les collectivités locales sont les communes dont le statut peut être le village, la ville, l'arrondissement de Budapest et la capitale. Le statut de la ville peut différer : la ville, la ville à statut de chef-lieu cantonal, la ville à statut départemental. Les collectivités territoriales sont les départements. Il y a 19 départements et la

[113] Települések a lét határán. Erősen fogyó népességű törpefalvak Magyarországon. KSH. 2014. pp. 19-23. - https://www.ksh.hu/docs/hun/xftp/idoszaki/regiok/fogyonep.pdf - 29.11.2021.

[114] https://index.hu/belfold/2021/09/06/a-telepulesek-egyotodenek-nincs-jovoje/ - 02.12.2021.

Capitale qui a un statut spécial : une commune et une collectivité territoriale - équivalente au département – en même temps.

Les collectivités locales et territoriales – les structures autonomes	
Les collectivités locales : La commune - 3178 (Villages, Villes, Budapest et ses arrondissements)	Les collectivités territoriales : Le département – 19

Tableau No. 5. Les collectivités locales et territoriales en Hongrie.
Tableau rédigé par l'auteur

La commune et le département sont aussi des unités déconcentrées, mais il existe d'autres entités déconcentrées : le canton et la région.

Catégorie de l'unité	Nombre des unités	Niveau de NUTS	Avoir de l'autonomie
La commune	3178	NUTS5	+
Le canton	174	NUTS4	-
Le département	19+1	NUTS3	+
La région	7	NUTS2	-

Tableau No. 6. La déconcentration et la décentralisation en Hongrie.
Tableau rédigé par l'auteur

En Hongrie, la région n'a pas d'autonomie, elle constitue une unité spéciale de l'administration déconcentrée si on considère que l'unité générale de la déconcentration est le département. Ces régions n'ont pas de rôle dans la détermination de la politique de développement économique des territoires, elles ne sont que des unités statistiques de la politique de développement. La région est l'objet de la politique du développement, mais elle n'en est pas un acteur actif. La politique de développement économique des territoires, y compris la politique régionale, est centralisée.

Les institutions de la politique de développement régional

Quelles sont alors les institutions de la politique de développement territorial (régional) en Hongrie ? Tout d'abord, au niveau central (national), on trouve le Gouvernement qui prend les décisions les plus importantes concernant le développement territorial. Son rôle est encore plus visible si on ajoute qu'il y a 7 commissaires du gouvernement différents, dont les attributions sont liées au développement d'un territoire (zone) particulier. Ces territoires sont des zones de développement économique :

- Sud-Ouest (Dél-Dunántúl – 3 départements)[115]
- Nord-Ouest (Északnyugat-Magyarország – 6 départements)[116]
- Sud-Est (Dél-Alföld - 3 départements)[117]
- Nord-Est (Északkelet-Magyarország – 6 départements)[118]

---

[115] 1569/2020. (IX. 4.) Korm. határozat a Dél-dunántúli Gazdaságfejlesztési Zóna komplex fejlesztéséért felelős kormánybiztos kinevezéséről és feladatairól. (Résolution No. 1569. du 4. Septembre 2020 du Gouvernement sur la dénomination et des tâches du commissaire de Gouvernement responsable pour le développement complet de la zone de développement économique Dél-Dunántúl.)

[116] 1567/2020. (IX. 4.) Korm. határozat az Északnyugat-magyarországi Gazdaságfejlesztési Zóna komplex fejlesztéséért felelős kormánybiztos kinevezéséről és feladatairól. (Résolution No. 1567. du 4. Septembre 2020 du Gouvernement sur la dénomination et des tâches du commissaire de Gouvernement responsable pour le développement complet de la zone de développement économique Nord-Ouest Hongrie.)

[117] 1568/2020. (IX. 4.) Korm. határozat a Dél-alföldi Gazdaságfejlesztési Zóna komplex fejlesztéséért felelős kormánybiztos kinevezéséről és feladatairól. (Résolution No. 1568. du 4. Septembre 2020 du Gouvernement sur la dénomination et des tâches du commissaire de Gouvernement responsable pour le développement complet de la zone de développement économique Dél-Alföld.)

[118] 1566/2020. (IX. 4.) Korm. határozat az Északkelet-magyarországi Gazdaságfejlesztési Zóna komplex fejlesztéséért felelős kormánybiztos kinevezéséről és feladatairól. (Résolution No. 1566. du 4. Septembre 2020 du Gouvernement sur la dénomination et des tâches du commissaire de Gouvernement responsable pour le développement complet de la zone de développement économique Nord-Est Hongrie.)

Ces zones montrent une certaine asymétrie et diffèrent selon le nombre des départements qu'elles couvrent. Deux zones comprennent 3 départements chacune et deux zones contiennent 6 départements chacune. Le 19ème département qui se situe au cœur du pays, autour de Budapest, n'appartient à aucune zone.[119]
3 commissaires du développement ont des attributions territoriales qui ne couvrent pas une zone, mais sont spéciales. Un commissaire est responsable pour le projet « Villes modernes », ce qui veut dire qu'il est responsable du développement économique des villes majeures. [120] Un commissaire est responsable du développement de la capitale.[121] Et un commissaire est responsable du développement de la région viticole « Tokaj-Zemplén ».[122]
Au niveau central (national), on trouve aussi le Conseil National Consultatif du Développement Territorial (Országos Területfejlesztési Érdekegyeztető Fórum), organe consultatif du gouvernement auprès du ministre des Finances.
Au niveau départemental, on trouve le conseil général (du département). C'est l'organe délibérant des collectivités

---

[119] Département Pest

[120] 1229/2020. (V. 15.) Korm. határozat a Modern Települések Fejlesztéséért felelős kormánybiztos kinevezéséről és feladatairól. (Résolution No. 1229. du 15. Mai 2020 du Gouvernement sur la dénomination et des tâches du commissaire de Gouvernement responsable pour le projet de développement des villes modernes.)

[121] 1393/2020. (VII. 13.) Korm. határozat a kiemelt budapesti fejlesztésekért és nemzetközi sporteseményekért felelős kormánybiztos kinevezéséről és feladatairól. (Résolution No. 1393. du 13. Juillet 2020 du Gouvernement sur la dénomination et des tâches du commissaire de Gouvernement responsable pour les développements privilégiés dans la capitale et pour les évènements sportifs internationaux.)

[122] 1421/2020. (VII. 20.) Korm. határozat a Tokaj-Zemplén térség fejlesztéséért felelős kormánybiztos kinevezéséről és feladatairól. (Résolution No. 1421. du 20. Juillet 2020 du Gouvernement sur la dénomination et des tâches du commissaire de Gouvernement responsable pour le développement de la région Tokaj-Zemplén.)

territoriales, élu, mais qui n'a que des tâches de coordination dans le domaine du développement territorial.

Entre ces deux niveaux, on trouve le conseil du développement des régions. Ces conseils peuvent être établir par les conseils généraux des départements afin de coordonner l'opération de développement territorial si le territoire concerné couvre plus d'un département, mais ce territoire de fonctionnement n'est pas équivalent aux 7 régions déconcentrées. Il y a 9 conseils du développement « régionaux », par exemple le Conseil du développement du Lac Balaton, ou le Conseil du développement de l'Autoroute M9. Par conséquent, ces conseils régionaux de développement servent plutôt un projet : par exemple la construction d'une nouvelle autoroute dont le code est M9.

Si l'on regarde la carte de la Hongrie, on peut voir que les communes les plus petites se trouvent éparpillées dans une dizaine de départements. [123] Il n'y a pas de régions particulièrement touchées par le dépeuplement, ce qui veut dire que le dépeuplement des communes les plus petites n'est pas un phénomène régional. Ce n'est pas une question régionale et le problème ne peut pas être traité dans le cadre d'une politique régionale uniforme. Le dépeuplement n'est pas le problème spécifique d'une région particulière, ni d'un département. Le dépeuplement menace un certain type de communes mais pas les communes d'une ou deux régions. Ce fait n'exclut pas que le problème soit traité par les collectivités territoriales départementales, mais elles n'ont pas d'instruments à utiliser ; quant aux régions, elles ne sont pas autonomes ; plus précisément la région est une unité statistique sans organes autonomes. Les organisations déconcentrées régionales n'ont pas de telles attributions.

---

[123] Voir sur le page No. 7 de panorama des vidéos présenté lors du colloque du 26 novembre 2021 à Limoges qui est accessible sur le site de l'Organisation EUROPA. https://www.youtube.com/watch?v=Wu1xzPyzawc – Voir sous le titre« Le colloque en replay ».

2. Comment résoudre le problème du dépeuplement ? Quels sont les outils et quels sont les acteurs ?

2.1 Les collectivités locales

Comme partout, la municipalité peut prendre des initiatives pour attirer la population. Il existe des exemples, mais il ne s'agit pas d'une politique cohérente et coordonnée. Dans certains villages, le conseil offre des parcelles, des terrains à bâtir gratuits ou à très bas prix pour des personnes qui se cherchent à s'établir.

2.2 L'Etat

En 2019, le Gouvernement a lancé un programme dont la dénomination est „Allocations familiales d'établissement de logement" (CSOK), qui est disponible pour les couples ayant un enfant ou des enfants ou qui auront des enfants à l'avenir. C'est un crédit bénéficiant d'un soutien public pour l'achat, le renouvellement ou la construction d'un logement. L'Etat offre un prêt à taux réduit dont la somme augmente selon le nombre d'enfants.[124]

Ce programme dispose d'une version spéciale dans les villages. C'est le programme du Gouvernement lancé en 2019 dont le nom est « Villages Hongrois ». Cette allocation est disponible dans les communes énumérées par un décret du Gouvernement. L'appendice 2 du Décret No. 17. du 10. Février 2016 du Gouvernement sur « l'Allocations familiales d'établissement de logement attaché à l'achat et à l'élargissement des logements usés » détermine une liste des communes prioritaires dans

---

[124] 16/2016. (II. 10.) Korm. rendelet az új lakások építéséhez, vásárlásához kapcsolódó lakáscélú támogatásról. (Décret No. 16. du 10. Février 2016 du Gouvernement sur l'Allocations d'établissement de logement attaché à la construction et l'achat des nouveaux logements.) 17/2016. (II. 10.) Korm. rendelet a használt lakás vásárlásához, bővítéséhez igényelhető családi otthonteremtési kedvezményről. (Décret No. 17. du 10. Février 2016 du Gouvernement sur l'Allocations familiales d'établissement de logement attaché à l'achat et l'élargissement des logements usés.)

lesquelles les habitants peuvent solliciter cette forme de subvention. La liste comprend les communes dont la population est de moins de 5000 habitants et dont la population a en même temps diminué dans la période 2003-2018, mais aussi – c'est une deuxième catégorie - celles qui se situent dans un canton désavantagé. En 2019, le nombre de ces villages était de 2486[125], mais du fait d'une modification de ce décret de décembre 2020[126], il y a maintenant 2679 communes dans lesquelles cette possibilité est offerte aux familles jusqu'au 30 juin 2022.

Le défi ou la difficulté de ce programme réside dans le fait que, dans les communes les plus petites, il n'y a pas de trafic immobilier en pratique. Et ce programme a provoqué une demande importante dans le marché immobilier parce que beaucoup veulent acheter des immeubles et cela a entraîné une augmentation des prix. Les prix dans l'industrie du bâtiment ont augmenté aussi à cause de croissance de la demande.

Quant aux résultats, entre le 1er janvier 2019 et le 1er janvier 2021, la population totale de cette catégorie de communes a diminué, en passant de 2.582.842 personnes à 2.571.800 personnes, soit une diminution de 11.042 personnes et une proportion de 0,43 %. Dans 69 communes sur ces 2486, le nombre de la population ne change pas. Dans 1407 communes sur ces 2486, le nombre de la population a diminué. La diminution moyenne a été 2,68 % dans ces villages.[127]

La diminution la plus faible est de 1 personne (de 1945 à 1944), soit 0,05 % (le nom du village est Farkaslyuk). La diminution la plus importante est de 20 personnes (de 78 à 58), soit 2,03 % (le nom du village est Lasztonya). Mais la population augmente dans 1012 villages depuis deux ans. L'augmentation moyenne de la

---

[125] Décret No. 109. du 13. Mai 2019. sur la Modification du Décret No. 17. du 10. Février 2016 du Gouvernement.

[126] Décret No. 669. du 28. Décembre 2020. sur la Modification du Décret No. 17. du 10. Février 2016 du Gouvernement.

[127] https://www.penzcentrum.hu/otthon/20220219/szabalyosan-lerohantak-a-pestiek-ezeket-a-videki-falvakat-itt-vesznek-most-a-legtobben-csaladi-hazat-1122066 - 23.02.2022.

population dans ces villages est de 3,52 %. L'augmentation la plus grande est de 6 personnes (de 8 à 14) soit une augmentation de 75% (le nom du village est Iborfia). L'augmentation la plus faible est de 1 personne (de 3088 à 3089) soit une augmentation de 0,03% (le nom du village est Hajmáskér).[128]
Si on analyse les données du tableau No. 7., on constate que l'augmentation la plus importante de la population est le résultat du l'emménagement de 6 personnes dans un petit village dont la population était de 8 habitants, soit une augmentation de 75%. Si on examine la liste des communes dont la population a le plus augmenté, plus précisément les 20 villages où l'augmentation a été la plus dynamique, il n'y a que trois villages sur ces vingt dont la population était de moins de 200 habitants. Dans 12 de ces 20 villages, l'augmentation est de moins de 20 personnes. On peut ajouter qu'au 1er janvier 2021, 285.000 personnes vivent dans des villages dont la population est de moins de 500 habitants et plus de 770.000 personnes habitent dans des communes dont la population est de moins de 1000 habitants, soit 7,8% de la population totale de la Hongrie.

Commune	Nombre de la population en 2019	Nombre de la population en 2021	Modification	Modification %
Iborfia	8	14	6	75,00%
Pányok	62	104	42	67,74%
Tornabarakony	19	31	12	63,16%
Gagyapáti	31	46	15	48,39%
Kéked	181	266	85	46,96%
Vöröstó	80	111	31	38,75%
Sénye	53	73	20	37,74%

128 https://index.hu/gazdasag/2022/02/21/csaladi-haz-ingatlanvasarlas-falvak-falusi-csok/ - 23.02.2022

Nyésta	42	56	14	33,33%
Szijártóháza	24	32	8	33,33%
Döröske	92	119	27	29,35%
Teresztenye	24	31	7	29,17%
Maglóca	100	126	26	26,00%
Megyer	27	34	7	25,93%
Szárász	40	50	10	25,00%
Hejce	216	266	50	23,15%
Zalameggyes	51	62	11	21,57%
Zalaköveskút	28	34	6	21,43%
Mogyoróska	81	98	17	20,99%
Abaújszolnok	189	225	36	19,05%
Nagyhuta	63	75	12	19,05%

Tableau No. 7. Les petits villages où l'augmentation de la population est la plus grande dans la période 2019 – 2021 en Hongrie. Seulement les communes dans lesquelles l'allocation familiale est disponible dans le cadre du programme « Villages Hongrois ». Source : BM, Pénzcentrum https://www.penzcentrum.hu/otthon/20220219/szabalyosan-lerohantak-a-pestiek-ezeket-a-videki-falvakat-itt-vesznek-most-a-legtobben-csaladi-hazat-1122066

Si on analyse le tableau No. 8. qui montre l'augmentation absolue la plus grande de la population des villages, on constate qu'il y a des communes moins petites en tête (20) de la liste des communes dans lesquelles cette allocation est disponible. L'augmentation de la population se situe entre 3 % et 7 % dans ces 20 villages, ce qui signifie qu'environ 100 ou 200 personnes de plus en deux ans habitent dans ces villages.

Commune	Nombre de la populati	Nombre de la populati	Modification %	Modification +

	on en 2019	on en 2021		
Hegyeshalom	3660	3944	7,76%	284
Tóalmás	3687	3962	7,46%	275
Mikepércs	4898	5119	4,51%	221
Biharkeresztes	4386	4604	4,97%	218
Adony	3931	4106	4,45%	175
Örkény	4983	5153	3,41%	170
Szigetcsép	2471	2629	6,39%	158
Bezenye	1435	1583	10,31%	148
Sződ	3020	3152	4,37%	132
Mályi	4243	4373	3,06%	130
Hévízgyörk	3185	3299	3,58%	114
Dunaalmás	1620	1733	6,98%	113
Tápiógyörgye	3548	3661	3,18%	113
Balatonkeresztúr	1660	1771	6,69%	111
Zagyvarékas	3693	3801	2,92%	108
Baracs	3534	3637	2,91%	103
Nógrád	1580	1676	6,08%	96
Táborfalva	3431	3522	2,65%	91
Szomód	2251	2340	3,95%	89
Sajószöged	2292	2380	3,84%	88

Tableau No. 8. Les petits villages à l'augmentation la plus grande de la population dans la période 2019 – 2021 en Hongrie. Seulement les communes ou l'allocation familiale est disponible dans le cadre du programme « Villages Hongrois ».

Source : BM, Pénzcentrum
https://www.penzcentrum.hu/otthon/20220219/szabalyosan-lerohantak-a-pestiek-ezeket-a-videki-falvakat-itt-vesznek-most-a-legtobben-csaladi-hazat-1122066

Sur cette liste de 20, on ne trouve pas de villages de moins de 1000 habitants, ce qui veut dire que l'augmentation absolue caractérise les villages plus grands dont la situation physique est meilleure. Les raisons de cette augmentation peuvent être la situation géographique, l'état de l'infrastructure et les possibilités de travail. Il y a des communes dont la population a doublé dans la période 2016-2021.[129] Les régions dans lesquelles l'augmentation de la population des communes a été la plus dynamique sont l'agglomération de la Capitale (Département Pest) et les cantons près de la frontière austro-hongroise et hongroise-slovaque. Le tableau No. 9 montre les 20 communes dont la population a le plus augmenté dans le Département Pest.

Commune	Nombre de la population en 2016	Nombre de la population en 2021	Modification %	Statut de commune
Délegyháza	3 945	5 559	40,91%	Village
Nagytarcsa	4 000	5 580	39,50%	Village
Remeteszőlős	816	1 081	32,48%	Village
Pócsmegyer	2 223	2 705	21,68%	Village
Halásztelek	9 891	11 790	19,20%	Ville
Vácduka	1 479	1 740	17,65%	Village
Szada	4 985	5 840	17,15%	Village
Erdőkertes	7 984	9 197	15,19%	Village
Tóalmás	3 460	3 962	14,51%	Village
Gyömrő	17 236	19 675	14,15%	Ville
Veresegyház	17 756	20 197	13,75%	Ville
Diósd	9 813	11 144	13,56%	ville

129 https://www.penzcentrum.hu/otthon/20210822/tomegevel-koltoznek-csodaszep-telepulesekre-a-pestiek-itt-vesznek-most-a-legtobben-csaladi-hazat-1117110 - 23.02.2022

Herceghalom	2 425	2 737	12,87%	Village
Pilisborosjenő	3 725	4 198	12,70%	Village
Mogyoród	6 617	7 457	12,69%	grand village
Telki	3 987	4 490	12,62%	Village
Péteri	2 278	2 556	12,20%	Village
Üröm	7 380	8 278	12,17%	Village
Sződ	2 824	3 152	11,61%	Village
Dunavarsány	7 805	8 709	11,58%	Ville

Tableau No. 9. L'augmentation de population la plus grande dans le Département Pest 2016- 2021.
Source : BM, Pénzcentrum
https://www.penzcentrum.hu/otthon/20210822/tomegevel-koltoznek-csodaszep-telepulesekre-a-pestiek-itt-vesznek-most-a-legtobben-csaladi-hazat-1117110 - 23.02.2022

L'augmentation de la population est de plus de 40% à Délegyháza et de presque 40% à Nagytarcsa. Les deux villages se situent juste à côté de Budapest. A l'ouest de la Hongrie, près de la ville de Győr[130], dans son agglomération, deux villages ont doublé aussi leur population en 5 ans. Vámosszabadi est passé de 1797 habitants en 2016 à 3738 habitants en 2021, soit une augmentation de 108%. Cette situation favorable peut résulter de l'augmentation de la population d'un autre village qui est près de la frontière austro-hongroise et hongroise-slovaque. Ce village est Rajka et sa population est passée de 2941 habitants en 2016 à 6111 habitants en 2021.

[130] Chef-lieu du Département Győr-Moson-Sopron. La 6ème plus grande ville de la Hongrie dont la population est 132.735, le 1er janvier 2021., selon des données officielles de l'Office National des Statistiques (KSH), Hongrie. Source : KSH - source : https://www.ksh.hu/stadat_files/fol/hu/fol0014.html - 25.02.2022.

Si on regarde l'augmentation de la population des communes sur le tableau No.10., il n'y a que trois communes du Département Pest qui ont réussi à se placer sur la liste nationale des 20 qui ont connu la plus grande augmentation de population. La plupart des communes dont la population est en train d'augmenter de manière dynamique se situe à l'ouest de la Hongrie. Mais il n'y a pas de ville parmi ces 20 communes. Il faut aussi ajouter que 10 villages sur ces 20 avaient une population de moins de 100 habitants en 2016, mais ce n'est pas nécessairement la conséquence de l'allocation familiales pour les familles, d'autant que le programme « Village Hongrois » n'a été lancé qu'en 2019.

Commune	Nombre de la population en 2016	Nombre de la population en 2021	Modification %	Statut de commune
Gagyapáti	21	46	119,05%	Village
Vámosszabadi	1 797	3 738	108,01%	Village
Rajka	2 941	6 111	107,79%	Village
Sénye	38	73	92,11%	Village
Pányok	63	104	65,08%	Village
Dötk	33	48	45,45%	Village
Délegyháza*	3 945	5 559	40,91%	Village
Iborfia	10	14	40,00%	Village
Nagytarcsa*	4 000	5 580	39,50%	Village
Harka	2 124	2 912	37,10%	Village
Döröske	87	119	36,78%	Village
Sima	31	42	35,48%	Village
Maglóca	93	126	35,48%	Village
Csertalakos	39	52	33,33%	Village
Gombosszeg	42	56	33,33%	Village
Remeteszőlős*	816	1 081	32,48%	Village

Győrújfalu	1 782	2 345	31,59%	Village
Tornyosnémeti	459	597	30,07%	Village
Borgáta	160	208	30,00%	Village
Márkó	1 351	1 753	29,76%	Village

* Villages qui se trouve dans le Département Pest (agglomération de Budapest)

Tableau No. 10. L'augmentation de population la plus grande en Hongrie 2016 - 2021.

Source : BM, Pénzcentrum
https://www.penzcentrum.hu/otthon/20210822/tomegevel-koltoznek-csodaszep-telepulesekre-a-pestiek-itt-vesznek-most-a-legtobben-csaladi-hazat-1117110 - 23.02.2022

2.3. Une solution spontanée : les citoyens – migration et immigration.

Ce phénomène n'est pas très connu, mais il existe une immigration vers la Hongrie. Le nombre des immigrants est à peu près la moitié de celui des émigrants, mais ce nombre est considérable. La vague la plus importante de l'immigration a été la même année que celle de l'immigration : 2015.

An	2010	2011	2012	2013	2014	**2015**
Immigrants nés en étranger	60	3 061	9 168	8 364	17 221	**17 747**
Émigrants	7 318	12 413	12 964	21 580	31 385	**32 852**

An	2016	2017	2018	2019	2020
Immigrants nés en	13 600	10 711	10 224	10 112	8 581

étranger					
Émigrants	29 425	26 957	23 808	21 900	19 322

Tableau No. 11. Nombre des émigrants et des immigrants
Tableau rédigé par l'auteur sur la base des données officielles de l'Office National des Statistiques (KSH), Hongrie. Source : KSH - https://www.ksh.hu/stadat_files/nep/hu/nep0030.html - 29.11.2021.
https://www.ksh.hu/stadat_files/nep/hu/nep0048.html - 12.02.2021.

Le nombre des étrangers qui vivent en Hongrie en 2021 est de 194.491. Si on analyse le pays d'origine de ces étrangers, ce sont les pays voisins en majorité : l'Ukraine, la Roumanie et la Slovaquie.

Pays d'origine	Nombre des immigrants
Ukraine	27380
Roumanie	18220
Slovaquie	14677
Allemagne	**17490**
Autriche	**4132**

Tableau No. 12. Les personnes étrangères en Hongrie en 2021, selon leur pays d'origine. Les 5 pays qui donnent les personnes les plus nombreuses.
Tableau rédigé par l'auteur sur la base des données officielles de l'Office National des Statistiques (KSH), Hongrie. Source : KSH - https://www.ksh.hu/stadat_files/nep/hu/nep0028.html - 12.02.2021.

Dans les pays voisins, il existe une minorité hongroise considérable, source la plus significative d'immigration parce que les membres de cette minorité sont hongrois qui parlent la même langue commune et il n'y a pas de différences culturelles. S'intégrer à la société hongroise est plus facile pour eux. Il y a quand même un phénomène surprenant, c'est l'immigration des personnes dont les racines culturelles diffèrent et qui ne parlent pas la langue hongroise. Si on examine les pays d'origine des immigrants, des noms et des chiffres surprennent, notamment l'Allemagne et l'Autriche. En 2020, l'Allemagne a devancé la

Roumanie, qui est un pays voisin de la Hongrie. L'Allemagne est devenue le troisième pays comme source significative d'immigration. Les données du tableau No. 13. montrent le nombre des personnes qui sont arrivées à la Hongrie avec l'objectif de vivre en Hongrie.

Immigration selon le pays d'origine en 2020 (L'objet est vivre en Hongrie)	
8907	Ukraine
5999	Slovaquie
3672	**Allemagne**
2270	Roumanie
1670	**Autriche**
554	France
548	Royaume-Uni
545	Italie
475	Pays Bas

Tableau No. 13. Les personnes étrangères qui sont arrivées à la Hongrie selon leur pays d'origine en 2020.

Tableau rédigé par l'auteur sur la base des données officielles de l'Office National des Statistiques (KSH), Hongrie. Source : KSH - https://www.ksh.hu/stadat_files/nep/hu/nep0028.html - 12.02.2021.

Il y a des cas particuliers : certains petits villages profitent de l'immigration. Par exemple, Bedepuszta, petit village au nord de la Hongrie, dans le Département Nógrád, dont la population était de 143 habitants le 1er janvier 2015. Dans ce village, presque toutes les maisons - sauf 3 – ce qui veut dire que deux douzaines de maisons, sont habitées uniquement par des citoyens hollandais. Csengele, qui est un village à 2000 habitants, est le domicile de 42 familles allemandes, belges et suisses. Csengele se trouve au sud-est de la Hongrie. Somogyhárságy est un village dont la population est de 484 habitants et se trouve au sud-est. Ici 25 % des maisons ont des propriétaires hollandais. Ce ne sont que trois exemples, mais il y a des douzaines de petits villages dans lesquelles l'immigration a donné lieu à une minorité considérable de citoyens étrangers et cette tendance peut, dans ces cas isolés, sauver le village du phénomène du dépeuplement.

III. Conclusion

Les phénomènes de dépeuplement ne sont pas nouveaux en Hongrie. La vague actuelle depuis 1990 est un problème grave qui menace les villages les plus petits et aussi un mode de vie, la vie rurale. Vivre à la campagne, dans un petit village – et surtout dans les agglomérations – va devenir une possibilité réservée à certaines classes sociales, surtout celles qui sont aisées.
Ces phénomènes n'ont pas de caractère régional en Hongrie et c'est pour cela que les outils utilisables ne sont pas des outils typiques de la politique régionale, qui est d'ailleurs très centralisée en Hongrie.

Références

Livres

Horváth, Attila : „Nem ismerjük el az 1949. évi kommunista alkotmányt, mert egy zsarnoki uralom alapja volt, ezért kinyilvánítjuk érvénytelenségét". In.: Rendhagyó kommentár egy rendhagyó preambulumról. Magyarország Alaptörvénye, Nemzeti hitvallás. (szerk.: Patyi András). Dialóg Campus, Budapest. 2019. pp. 403-485.

Articles (version électronique)

Szabályosan lerohanták a pestiek ezeket a vidéki falvakat: itt vesznek most a legtöbben családi házat - https://www.penzcentrum.hu/otthon/20220219/szabalyosan-lerohantak-a-pestiek-ezeket-a-videki-falvakat-itt-vesznek-most-a-legtobben-csaladi-hazat-1122066 23.02.2022

Tömegével költöznek csodaszép településekre a pestiek: itt vesznek most a legtöbben családi házat - https://www.penzcentrum.hu/otthon/20210822/tomegevel-koltoznek-csodaszep-telepulesekre-a-pestiek-itt-vesznek-most-a-legtobben-csaladi-hazat-1117110 – 23.02.2022

Így hatott a települések népességére a falusi csok - https://index.hu/gazdasag/2022/02/21/csaladi-haz-ingatlanvasarlas-falvak-falusi-csok/ - 23.02.2022.

A lassú kihalás fenyegeti a magyar települések egyötödét. GKI. 2021. - https://www.gki.hu/wp-content/uploads/2021/08/Eloregedes.pdf - 29.11.2021.
Települések a lét határán. Erősen fogyó népességű törpefalvak Magyarországon. KSH. 2014. - https://www.ksh.hu/docs/hun/xftp/idoszaki/regiok/fogyonep.pdf - 29.11.2021.
https://merce.hu/2018/09/27/nehany-evtized-alatt-kiurulhet-a-magyar-videk/

Textes juridiques

Décrets du Gouvernement

109/2019. (V. 13.) Korm. rendelet a Magyar Falu Program megvalósulása érdekében a használt lakás vásárlásához, bővítéséhez igényelhető családi otthonteremtési kedvezményről szóló 17/2016. (II. 10.) Korm. rendelet módosításáról, valamint az egyes otthonteremtési tárgyú kormányrendeletek módosításáról szóló 46/2019. (III. 12.) Korm. rendelet eltérő szöveggel történő hatálybalépéséről
17/2016. (II. 10.) Korm. rendelet a használt lakás vásárlásához, bővítéséhez igényelhető családi otthonteremtési kedvezményről
16/2016. (II. 10.) Korm. rendelet az új lakások építéséhez, vásárlásához kapcsolódó lakáscélú támogatásról

Résolutions du Gouvernement

1569/2020. (IX. 4.) Korm. határozat a Dél-dunántúli Gazdaságfejlesztési Zóna komplex fejlesztéséért felelős kormánybiztos kinevezéséről és feladatairól
1568/2020. (IX. 4.) Korm. határozat a Dél-alföldi Gazdaságfejlesztési Zóna komplex fejlesztéséért felelős kormánybiztos kinevezéséről és feladatairól
1567/2020. (IX. 4.) Korm. határozat az Északnyugat-magyarországi Gazdaságfejlesztési Zóna komplex fejlesztéséért felelős kormánybiztos kinevezéséről és feladatairól
1566/2020. (IX. 4.) Korm. határozat az Északkelet-magyarországi Gazdaságfejlesztési Zóna komplex fejlesztéséért felelős kormánybiztos kinevezéséről és feladatairól
1421/2020. (VII. 20.) Korm. határozat a Tokaj-Zemplén térség fejlesztéséért felelős kormánybiztos kinevezéséről és feladatairól

1393/2020. (VII. 13.) Korm. határozat a kiemelt budapesti fejlesztésekért és nemzetközi sporteseményekért felelős kormánybiztos kinevezéséről és feladatairól
1229/2020. (V. 15.) Korm. határozat a Modern Települések Fejlesztéséért felelős kormánybiztos kinevezéséről és feladatairól
A kormány 1007/1971. (III. 16.) számú határozata az Országos településhálózat-fejlesztési koncepcióról.

Partie 3

Comment concilier solidarité, équité territoriale et concurrence des territoires ?

Quel but pour le développement économique ?

Olivier BOUBA-OLGA
Professeur en aménagement de l'espace et urbanisme à l'Université de Poitiers, Chef de service études et prospective, Région Nouvelle-Aquitaine

Le but de mes travaux est de remettre en cause la compétitivité territoriale comme alpha et oméga de toute politique de développement, en particulier dans un article écrit avec Michel Grossetti [131] . Les termes Compétitivité, Attractivité, Métropolisation, Excellence, ont été beaucoup employés dans « le monde d'avant », mais ce discours, selon lequel les très grandes villes et les métropoles, plus productifs et plus attractifs, sont les seuls à être viables économiquement, ne tient pas. Toutes les métropoles, en effet, ne sont pas dynamiques. Les territoires moins visibles, quant à eux, ne sont pas en reste et peuvent se montrer dynamiques et volontaires.
Cette critique fait suite à d'autres travaux menés ces dernières années : une méfiance à l'égard d'un modèle de développement économique que l'on poursuit sans cesse, dans l'espoir de l'appliquer à tous les territoires. Le dernier modèle identifié, à la mode avant de recevoir du plomb dans l'aile, c'est le discours « métropolisation/ruissellement », qui de toute évidence ne tient pas la route non plus.
Tout n'est pas à jeter : bien qu'on ait trop cru en les pôles de compétitivité, et, avant eux, en la politique des systèmes productifs locaux (imitation des districts industriels italiens), ils insistaient tout de même sur l'importance de la coopération entre acteurs.

---

[131] Olivier Bouba-Olga, Michel Grossetti, « La mythologie CAME (Compétitivité, Attractivité, Métropolisation, Excellence) : comment s'en désintoxiquer ? ». 2018

Il n'en reste pas moins qu'il ne faut pas tout ériger en modèle. Le danger, aujourd'hui, est d'ériger en modèles la ruralité et les villes moyennes, « les territoires du monde d'après ».
Pour regarder la géographie de l'activité : la régularité n'est pas une opposition entre catégories de territoires (métropoles, villes moyennes, petites villes rurales) mais plutôt des régularités régionales : la dynamique démographique ou de création d'emplois oppose moins les grandes villes aux petites que certaines régions et d'autres : l'ouest et le sud de la France se portent bien, tous types de villes comprises de manière générale ; le grand quart nord-est se porte globalement moins bien.
C'est donc plutôt une approche macro-régionale qu'il faut adopter pour l'analyse. Encore faudrait-il s'interroger sur ce que veut dire « bien aller » : certes, les indicateurs d'emploi et de démographie sont positifs, mais le but d'un territoire est-il d'attirer une multitude de personnes ?
Pour aller plus loin, le but est-il le développement économique, ou, plus précisément, couvrir les besoins des personnes ?
Outre cette déconstruction des modèles, un deuxième point doit être abordé : l'importance de l'innovation, qui fait consensus dans les sciences sociales comme moteur de croissance, mais aussi comme élément non suffisant mais essentiel pour assurer les transitions. Attention, néanmoins, à ne pas la réduire à l'innovation technologique : elle peut être organisationnelle, sociale… Attention aussi à ne pas croire qu'on peut identifier les innovateurs de demain. On l'a déjà signalé ce matin. Avant d'avoir réellement mis en œuvre les idées, il est difficile de savoir lesquelles sont pérennes. On ne peut pas repérer l'excellence de demain dans le but de ne financer que ces projets-là. Il faut sortir des discours sur l'excellence, soutenir les initiatives innovantes partout où elles se trouvent.
Un dernier enjeu : capitaliser sur ce qui s'invente sur les territoires, non pas pour en faire des modèles, mais pour le donner à voir à des territoires qui pourraient s'en inspirer.

Chapitre 1

Défis sociétaux et politiques de développement économique dans les territoires

Urgence climatique : quand le développement économique local redevient un sujet politique

Pascal CHAUCHEFOIN
Laboratoire Ruralités-Fédération de recherche Territoires
Maître de conférences en sciences économiques à l'Université de Poitiers, Espace Mendès France

Introduction

L'urgence climatique nous impose d'engager de profondes transformations de notre modèle de société. L'enjeu central étant de réduire drastiquement, à très court terme, notre dépendance aux énergies fossiles, les solutions techniques et organisationnelles qui seront adoptées auront de nombreuses répercussions sur nos activités quotidiennes dans nos territoires de vie : déplacements, logements, consommation, production, loisirs… Cela impose de repenser les fondements mêmes de la notion de « développement local » car le cadre d'élaboration des politiques de développement local basé sur l'objectif unique de croissance de la production n'est plus adapté aux enjeux. La perspective de tels changements en faveur de l'environnement ne conduit cependant pas à une mobilisation générale. Au contraire, les conflits prolifèrent, notamment lorsqu'il s'agit d'en définir les implications concrètes sur nos modes de vie. Comme le soulignent Bruno Latour et Nikolaj Schultz : « Parler de la nature, ce n'est pas signer un traité de paix, c'est reconnaître l'existence d'une multitude de conflits sur tous les sujets possibles de l'existence quotidienne, à toutes les échelles et sur tous les continents. Loin d'unifier, la nature divise » (Latour et Schultz, 2022, p. 11). Très présente durant les années 70, puis largement éclipsée depuis le début de la décennie 80, la réflexion sur les finalités du développement local retrouve donc toute son actualité. Mais comment recueillir la parole des habitants avec des corps intermédiaires et des partis politiques affaiblis ?

Comment réguler les controverses dans un contexte d'affrontement des opinions ? Comment retrouver les conditions de la délibération démocratique sans espaces adaptés pour ce faire ? Un élément de réponse réside dans des modalités d'interventions renouvelées de la médiation scientifique et technique.

1. Une nouvelle donne pour le développement territorial.

Dermine-Brullot et Torre (2020) définissent le développement territorial comme « un processus » trouvant place dans des « aires géographiques de taille plutôt restreinte » et qui « concerne l'amélioration de la richesse et du bien-être des populations situées sur un territoire à partir des innovations (techniques, organisationnelles, sociales et institutionnelles) dans la production et les usages des sols, des relations de concurrence et de coopération entre les acteurs, compte tenu des initiatives et oppositions des populations locales » (Dermine-Brullot et Torre, 2020, p. 113).

En France, depuis la loi NOTRe, les compétences d'intervention économique des collectivités locales sont principalement réparties entre les régions (qui jouent un rôle de chef de file en la matière) et les communes et regroupements intercommunaux. Outre les institutions en charge des politiques de développement et les acteurs de la sphère productive, sont également associés, selon la nature des projets, les services déconcentrés de l'Etat, les organismes consulaires, les associations ainsi que les structures de gestion d'espaces particuliers comme les parcs régionaux. Toutes les initiatives dans ce domaine doivent être compatibles avec les orientations fondamentales des schémas régionaux de développement économique et d'innovation. Dans le contexte du nouveau régime climatique, toutes les régions ont adopté des objectifs chiffrés de transition environnementale dans leurs documents de planification. Mais, si la conversion vers une économie décarbonée est résolument engagée, la période actuelle de transition se caractérise par la coexistence, souvent au sein d'un même territoire, de plusieurs conceptions de l'intervention économique des collectivités territoriales. Elles peuvent se classer en fonction de trois « modèles » sous-jacents hérités de l'histoire du développement local en France (Aydalot, 1985).

La conception la plus ancienne du développement local, encore adoptée aujourd'hui dans certains territoires, pourrait être qualifiée de « modèle de diffusion ». Ses origines remontent aux années 50-60, années marquées par une politique nationale d'aménagement du territoire très volontariste qui consiste à accompagner la décentralisation industrielle nécessaire au développement du système de production fordiste (Lipietz, 1992). Durant cette période, s'organise la division interrégionale du travail dans tous les secteurs industriels, entre le bassin parisien d'une part, qui concentre les activités de conception et la périphérie, d'autre part, qui accueille les unités de fabrication. La stratégie de développement local consiste principalement à attirer ces nouvelles implantations industrielles ou tertiaires (publiques et privées) et à favoriser la diffusion de ses effets d'entraînement dans l'économie locale, y compris en termes d'offre de logement pour la main d'œuvre. Dans les espaces ruraux, il s'agit d'accompagner les mutations fonctionnelles et sociales qu'engendre le passage d'une économie rurale dominée par les activités agricoles à une économie multifonctionnelle (Jean et Vanier, 2008). Cette conception du développement locale est fortement marquée par l'idéologie progressiste caractéristique des trente glorieuses.

Les options offertes aujourd'hui par ce modèle sont limitées car, avec la crise du mode de production fordiste et le déclin de la politique industrielle nationale, les opportunités de « décentralisation industrielle » sont devenues rares. Le « Fonds d'accélération des investissements industriels dans les territoires » lié au Plan de relance économique de la France (2020-2022) instauré dans le but de contrecarrer les effets de la crise économique liée à la pandémie de Covid-19, finance surtout des projets de modernisation et d'extension d'entreprises existantes. Depuis quelques années, on observe cependant un mouvement tangible de relocalisation d'établissements d'entreprises françaises (Bellit, Granier, Mini, 2020). Le déploiement, en région, des activités de secteurs en forte croissance comme l'industrie du luxe vient renforcer ce mouvement. La stratégie de localisation actuelle des sites de production de la branche maroquinerie de LVMH en fournit une bonne illustration. L'installation de services et d'équipements publics de l'Etat dans les territoires peut encore nourrir quelques stratégies locales, mais leur succès dépend d'arbitrages nationaux qui ne donnent pas toujours la priorité à l'aménagement du territoire, comme en témoigne la décision récente d'installer le musée du dessin de presse à Paris plutôt qu'en Haute-Vienne.

Surtout, cette conception est l'héritière d'une époque où l'idéologie moderniste domine. La politique d'aménagement du territoire est basée sur la diffusion, dans l'ensemble de la société, d'un système de production et de consommation de masse synonyme de progrès. Nous nous trouvons aujourd'hui dans une tout autre configuration historique où l'objectif d'accroissement illimité de la production matérielle entre en contradiction avec les conditions de subsistance des sociétés humaines. L'intérêt des projets d'implantation industrielle ne peut plus s'apprécier seulement sous le prisme de l'emploi ou des recettes fiscales, mais doit aussi s'évaluer en fonction de leur impact environnemental.

Une deuxième conception, connue sous le terme de « développement endogène ou autocentré », trouve ses origines dans les années 70. En opposition à ce processus de développement « exogène », les années 70 voient apparaître les premières manifestations de la crise du modèle de développement fondé sur la production et la consommation de masse. La notion de développement autocentré s'impose alors, dans certains territoires, comme ligne directrice alternative pour l'intervention économique. Le modèle fordiste ayant nié les spécificités territoriales, il s'agit alors de s'appuyer sur les valeurs locales, ressources matérielles et immatérielles, liens communautaires et culturels pour orienter prioritairement l'activité économique vers la satisfaction des besoins des populations locales. En contradiction avec des choix imposés de l'extérieur, ce modèle requiert la participation des habitants pour déterminer les orientations à privilégier. A ce titre, il revêt une forte dimension politique dans la mesure où les acteurs locaux mobilisés doivent trouver un compromis entre leurs intérêts propres et l'intérêt général. La conception endogène du développement est revenue en force dans le débat public à l'occasion de la pandémie de COVID 19 à travers les notions de « démondialisation » et de « souveraineté économique ».

La troisième conception, que nous appellerons « modèle de compétition », s'enracine dans le XXème siècle finissant et reste dominante aujourd'hui. Les années 80 correspondent à l'accélération et à l'approfondissement du processus de mondialisation. La plupart des économies locales, dans les espaces urbains comme dans les espaces ruraux, s'intègrent dans les chaînes de valeurs internationales qui structurent désormais la production de biens et de services. Les territoires entrent en compétition pour s'intégrer ou maintenir leur présence dans le système productif globalisé. Trois leviers sont privilégiés pour atteindre cet objectif : la compétitivité (il faut favoriser la performance internationale des entreprises locales), l'innovation (il faut créer les conditions favorables à l'innovation dans le tissu économique local grâce notamment à une bonne synergie entre les organismes de recherche publics et privés et les structures de formation) et l'attractivité (il faut réunir les atouts permettant d'attirer de nouvelles entreprises et une main d'œuvre, si possible qualifiée).

Ce modèle, encore largement dominant, se heurte à plusieurs limites. Premièrement, l'approfondissement de la mondialisation conduit à accentuer l'épuisement des ressources et à encourager l'hyperconsommation à tel point que, comme le résument Bruno Latour et Nikolaj Schultz : « le système de production est devenu synonyme de système de destruction…Être matérialiste aujourd'hui, c'est prendre en compte, en plus de la reproduction des conditions matérielles favorables aux humains, les conditions d'habitabilité de la planète Terre » (Latour et Schultz, 2022, p. 23). En second lieu, plus encore que dans le premier modèle (diffusion), les politiques locales d'attractivité conduisent à une compétition délétère entre les territoires. Cette concurrence entre collectivités locales s'apparente en effet à une course aux armements : elle incite à la surenchère. Les avantages consentis exercent une pression à la baisse des prélèvements obligatoires qui peut conduire finalement à une offre sous-optimale, de biens et services publics (Madiès, 2001). De plus, elle favorise les effets d'aubaine pour les capitaux les plus mobiles, c'est-à-dire ceux qui ont la plus forte probabilité de se délocaliser. En fait, les attributs qui font la force d'un territoire ne se résument pas à des avantages de coûts d'installation et de fonctionnement sous forme d'aides et d'allégements fiscaux pour les entreprises. Ils tiennent aussi à l'existence d'avantages spécifiques procurés par des infrastructures de qualité, la qualité et la disponibilité de la main d'œuvre, la présence de structures de formation et d'innovation, l'existence de complémentarités d'offre ou de demande…autant de facteurs qui favorisent l'existence d'économies externes de localisation (Capello et Nijkamp, 1995).

Le contexte actuel n'est pas sans rapport avec celui des années 70 car nous nous situons à nouveau à une période charnière entre deux modèles de développement. La question se pose aujourd'hui, comme à cette époque, de refonder la philosophie du développement en donnant une place plus grande à la dimension territoriale et à la prise en compte du bien-être des populations locales.

2. Redéfinir les finalités du développement local : une question politique.

La réflexion actuelle sur l'orientation des stratégies territoriales se structure à partir de quatre objectifs principaux :

- adopter une vision globale du territoire. Un territoire ne se résume pas à un agrégat de ressources dans lequel les entreprises viennent puiser pour maximiser leur profit selon une logique de prédation. Le système productif local ne fonctionne pas indépendamment des autres composantes du territoire : les activités économiques dépendent aussi des structures institutionnelles locales, des équipements publics, des caractéristiques sociales et culturelles héritées de l'histoire du territoire. Autant d'éléments qui expliquent que les acteurs territoriaux agissent en référence à des « conventions », règles socio-politiques informelles qui fournissent un cadre à leurs actions (Storper, 1995).

- rechercher une meilleure articulation entre l'orientation des activités productives locales et les besoins des populations. Le territoire est un espace vécu, dans le sens où les pratiques sociales s'inscrivent dans des lieux porteurs de valeurs fonctionnelles et symboliques pour les individus. Les questionnements à l'ordre du jour concernent les moyens à mettre en œuvre pour réencastrer l'économique dans la réalité sociale et environnementale de chaque territoire. Sans ignorer les interdépendances existantes entre les territoires, y compris dans la cadre des échanges internationaux, il s'agit de favoriser les connexions de proximité pour relocaliser les chaînes de valeur ajoutée chaque fois que cela est possible, mais aussi pour réorienter la production vers la satisfaction de besoins non couverts dans les domaines de la santé, de l'éducation, de la culture, de la mobilité, de l'habitat.... C'est l'orientation « humano-centrée » que propose Pierre Veltz (2021) en affirmant que : « Une nouvelle grammaire productive se met en place, dessinant un monde très différent du monde industriel du siècle dernier : passage d'une économie des choses vers une économie des usages et des expériences, d'une économie de la possession vers une économie de l'accès, virage engagé du monde manufacturier vers un monde « serviciel » » (Veltz, 2021, p.9).

- améliorer l'évaluation du bien-être des populations. Les indicateurs couramment utilisés dans les comparaisons entre territoires comme le taux de chômage et le PIB par habitant reflètent mal les conditions de vie réelles. Pour apprécier le niveau de bien être, il est nécessaire de prendre également en compte des éléments relatifs aux perceptions et aspirations de la population, aux niveaux de vie et aux conditions de vie personnelles, aux cadres de vie collectifs. Il importe également d'estimer les effets que peuvent avoir des modes de vie présents sur le futur ainsi que sur d'autres territoires selon un principe d'interdépendances systémiques.

- associer plus étroitement les populations à l'élaboration des projets territoriaux. En se focalisant sur l'accueil et l'accompagnement des entreprises, la politique de développement économique local s'est éloignée des autres dimensions du développement territorial. Elle est, de ce fait, devenue un sujet de spécialistes. L'enjeu est de réinvestir la dimension politique du développement économique local, là où s'est exclusivement imposée la dimension économique. En effet, le territoire est à la fois résultat et creuset des interactions sociales, il forme l'espace où se nouent des « relations organisées entre des groupes ou des populations particulières qui se reconnaissent dans un projet commun » (Sack, 1986). D'où le constat dressé par The Shift Project (2022) : « l'ampleur de la tâche invite à un renouvellement des pratiques démocratiques, en particulier locales, en mettant les populations au cœur de la refondation d'un nouveau projet de territoire » (The Shift Project, 2022, p. 217).

Si ce dernier impératif est souvent mis en avant, sa concrétisation ne va pas de soi. Les adaptations imposées par le réchauffement climatique ouvrent en effet de nombreuses lignes de fracture. Certes, dans l'histoire des techniques, les exemples abondent où une innovation est rejetée par les acteurs locaux. Les résistances et les conflits sont encore plus fréquents pour les innovations sociales et institutionnelles, surtout lorsqu'elles sont impulsées par une structure de pouvoir. Cela fait partie du processus démocratique normal car, comme l'indique André Torre (2015) : « Les conflits constituent ainsi la mise à l'épreuve des innovations, le tamis au regard duquel sont sélectionnées les « bonnes » inventions, acceptées par la société. Cette prise de parole des populations, ou *voice* au sens de Hirschman (1995), repose sur une vérification au jour le jour des initiatives prises par les pouvoirs publics et les acteurs privés, en dehors des processus électifs » (Torre, 2015, p. 282). La réalisation de compromis dépend de la qualité du processus de gouvernance territoriale qui permet -ou pas- de sélectionner les innovations et de lancer les projets.

Le contexte dans lequel s'inscrit le changement imposé par le nouveau régime climatique rend l'exercice particulièrement difficile. Ceci pour au moins trois raisons. La première concerne nos référentiels mental, moral, organisationnel, administratif, juridique issus du modèle dominant. Le changement ne concerne pas seulement l'adoption de nouvelles techniques, il impose des transformations culturelles, des mutations dans les mentalités qui, par définition, sont plus lentes à émerger. Comme l'a très bien analysé Philippe Aydalot (1985) : « Il existe des correspondances entre les forces techniques d'un mode de production et les modes de vie. Chaque forme d'organisation de la production secrète des formes de la vie quotidienne, des types d'habitat, des modes de consommation. Une technologie importe davantage par les modèles sociaux qu'elle promeut que par sa sophistication technique ou par sa productivité apparente » (Aydalot, 1985, p. 142). Le deuxième facteur de complexité est relatif à l'urgence des décisions à prendre. Atteindre, d'ici 2050, l'objectif de limitation du réchauffement climatique à +2° par rapport à l'ère préindustrielle, impose de réagir rapidement et de manière coordonnée à l'échelle mondiale, ce qui contraint le temps dédié à la pédagogie des enjeux et au débat qui doit s'en suivre. Enfin et surtout, la défiance grandissante de la population envers les institutions conduit à une dégradation du dialogue démocratique qui ne permet pas d'instaurer les conditions de la délibération.

3. Comment retrouver le sens de la délibération ?

Les adaptations du système productif rendues nécessaires par le nouveau régime climatique impliquent des transformations d'une ampleur inédite de nos modes de production et de déplacement ainsi que de nos pratiques de consommation. Elles se traduisent concrètement par la réduction de l'extraction d'énergie fossile, de matériaux et de biomasse, la diminution de l'impact des processus de fabrication, la réduction des flux de matières premières et d'énergie ainsi que l'élimination et le recyclage des déchets. Elles s'accompagnent donc aussi d'un effort collectif vers plus de sobriété.

Dans ce contexte radicalement nouveau et incertain, les inégalités risquent de se renforcer à court terme car le degré d'acceptabilité des normes environnementales est corrélé au niveau des ressources culturelles et économiques dont disposent les individus. Certains pourront transformer les contraintes en opportunité pour améliorer leur bien-être quand d'autres, en situation de précarité énergétique, de dépendance à l'automobile et à l'alimentation industrielle, devront s'imposer des sacrifices. Surtout, le contexte d'incertitude quant aux choix qui seront faits ou qui s'imposeront à nous se révèle particulièrement anxiogène et peu susceptible de déclencher l'assentiment général (Latour, 2017 et 2022). Certes, de nouvelles tendances prometteuses s'affirment à travers, par exemple, les expériences concluantes d'économie circulaire, de mobilités douces, d'agriculture raisonnée, de circuits courts, de rénovation thermique des bâtiments… mais, des questions fondamentales demeurent : la prospérité est-elle un objectif atteignable ? Peut-on croire au progrès de l'émancipation ? Devons-nous renoncer à notre idéal de liberté ?

Pour toutes ces raisons, les résistances, les contestations et les conflits risquent de se multiplier dans un avenir proche, *a fortiori* si les conditions du débat éclairé ne sont pas réunies. Or, comme le montre Pierre Rosanvallon (2021), nous assistons à une exacerbation des singularités individuelles qui rend particulièrement complexe le passage des attentes et revendications individuelles à la définition de l'intérêt général. Sous l'influence des mutations du capitalisme, la complexification et l'hétérogénéité croissante de la sphère sociale se traduit, en effet, par des aspirations individuelles à une meilleure prise en compte politique de la diversité des opinions, des situations et des trajectoires personnelles. Les réseaux sociaux et la parole directe qu'ils véhiculent étant finalement présentés, par les tenants du libertarisme, comme la meilleure formulation de l'expression démocratique.

Dans une telle situation marquée par une extraordinaire dispersion des attentes et des préoccupations, doublée d'une défiance profonde à l'égard de tout système social ou politique de représentation, les décideurs politiques peinent à proposer des stratégies communes acceptables et sont tentés de distribuer des gages aux différentes « catégories » ou groupes de pression souvent rassemblés autour d'indignations communes plus ou moins clairement et durablement identifiables. Ce constat est valable à toutes les échelles géographiques, y compris à l'échelle locale. Les élus locaux ont, en effet, eux aussi, bien des difficultés à définir des orientations partagées. Faute de relais et de « capteurs » pérennes, les choix locaux se font sans moyens de connaître précisément les volontés et les aspirations des populations concernées.

C'est donc la notion même de citoyenneté qu'il convient de réinterroger. La citoyenneté conçue traditionnellement dans sa seule dimension statutaire sur la base de l'engagement politique dont la clé de voûte est la participation active aux élections, laisse dans l'ombre les multiples modalités à travers lesquelles « des sujets se constituent en sujets politiques (et donc citoyens) » (Neveu, 2013, p. 216). Il importe alors de « prêter attention à ce qui est appelé citoyenneté contextuellement, à ce qui fait subjectivation politique, à ces « ordinaires » des pratiques citoyennes » (idem). Les travaux ethnographiques sur cette question (Carrel et Neveu (2014), Neveu (2013), Overnay (2011) montrent que l'une des voies du renouveau démocratique passe par l'identification des contextes, des moments et des moyens par lesquels les individus relient leurs problèmes particuliers à des questions d'ordre général et, par là-même, se « constituent en sujets politiques ». Cela ne se réalise pas seulement au moment du vote, de l'engagement ou de l'expression publique, mais aussi à travers certains contextes d'interactions sociales et souvent à l'intérieur de la sphère privée. Dès lors, la question qui se pose est de savoir comment mobiliser ce potentiel pour fabriquer du commun (Mazeaud, 2021). Sur les questions relatives à la transition écologique, les acteurs de la médiation scientifique sont appelés à jouer un rôle essentiel dans cette direction.

En effet, si la science ne participe pas à la décision politique, elle dresse le champ des possibles en fonction des connaissances disponibles et des recherches en cours à une époque donnée.

Depuis un demi-siècle, les acteurs de la culture scientifique ont eu le souci de faire évoluer leur offre pour tenir compte des évolutions sociétales (Las Vargas, 2011). Mais l'accroissement et la diversification de l'offre ne forment qu'un aspect de la réponse aux enjeux actuels. Alimenter le débat sur les enjeux environnementaux et socioéconomiques de la science implique une connaissance préalable plus fine des attentes du public. Cela impose de relever plusieurs défis : nécessité d'identifier les territoires pertinents, adapter les formats d'intervention en fonction des publics et de leurs attentes, savoir instaurer les conditions du dialogue. Cela signifie qu'en complément des actions « classiques » de type animations pour les scolaires, les expositions et les conférences tout public, les acteurs de la médiation scientifique soient en mesure d'élaborer des méthodes et des outils capables de mettre en évidence des problématiques sociétales émergentes ou mal identifiées. D'où l'importance d'organiser des rencontres régulières entre chercheurs et des publics éloignés socialement, culturellement, géographiquement de la culture scientifique, notamment dans les territoires particulièrement affectés par les mutations en cours.

L'enjeu sens doute le plus important aujourd'hui concerne les moyens à mettre en œuvre pour toucher les gens qui ne se sentent pas concernés par les sujets scientifiques et techniques. Ce « non public » ne doit pas être négligé car il participe évidemment à la fabrique de l'opinion dite « générale ». Cherchant à comprendre les raisons profondes de ce désintérêt, Olivier Las Vergnas (2011) suggère qu'il ne relève pas nécessairement d'un manque de curiosité. Il peut dissimuler "une résignation apprise" pour celles et ceux qui n'ont pas eu d'affinités particulières avec les disciplines scientifiques durant leur scolarité. L'absence d'intérêt pour la science peut aussi être imputable à un accès difficile, voire impossible, aux canaux de la diffusion scientifique en raison de l'éloignement géographique. On le voit, les facteurs à prendre en compte sont multiples et complexes, mais leur identification est sans doute essentielle pour faire progresser la diffusion de la culture scientifique.

Parmi les modalités originales de médiation qui sont actuellement expérimentées (par exemple à Crozon-sur-Vauvre et La Châtre (Indre) ainsi qu'à Saint-Junien (Haute-Vienne)), une nouvelle méthodologie participative inspirée du questionnaire élaboré par Bruno Latour à partir de son ouvrage *Où atterrir ?* (Latour, 2017) semble prometteuse. Le projet consiste à utiliser ce questionnaire pour révéler les territoires vécus par leurs habitants eux-mêmes à travers l'auto-description de leurs conditions d'existence. Les matériaux issus de ces auto-descriptions font l'objet d'une synthèse sous forme de cartes mentales au sein de chacun des groupes de participants et sont exploités dans deux directions : [1] une réflexion prospective sur l'avenir souhaité du territoire à partir de l'analyse des lignes de conflits et des jeux d'alliances dans lesquelles les répondants pensent devoir s'inscrire ; [2] des éclairages scientifiques sur des problématiques qui se révèlent essentielles à la compréhension des systèmes d'interdépendance mis en évidence par le biais du questionnaire.

Cette méthode de médiation présente un double intérêt : les éléments ainsi recueillis dans l'interaction entre chercheurs et citoyens viennent utilement compléter les indicateurs traditionnellement mobilisés pour l'élaboration des diagnostics

de territoires. Inversement, des éclairages peuvent être apportés par les scientifiques sur des problématiques auxquelles sont confrontés les habitants.
Surtout, les réponses qui sont apportées par les participants sont formulées en référence à des relations d'interdépendance (de qui ou de quoi dépendez-vous pour subsister dans votre territoire, qui ou quoi dépend de vous pour subsister dans votre territoire). Ce qui *in fine* conduit les participants à se projeter dans des jeux d'alliances pour défendre ce qui compte pour eux dans leur territoire de vie.
Où l'on retrouve l'élaboration du processus de citoyenneté : le passage de la formalisation de ce qui compte pour un individu dans son territoire de vie à une prise de conscience de la dimension collective de l'engagement pour le préserver.

Conclusion

L'importance des enjeux environnementaux et des ruptures engendrées par les choix techniques et socioéconomiques qui en découlent modifie en profondeur les fondements de l'intervention économique des collectivités locales. La définition d'une nouvelle conception du développement économique local nécessite une concertation élargie avec toutes les parties prenantes. En ce sens, le développement local n'est plus une question de spécialistes, c'est un sujet politique. Les orientations proposées dans ce cadre suscitent nécessairement des crispations, des oppositions et des conflits qui trouvent d'autant plus facilement à s'épanouir que les conditions du dialogue démocratique se sont profondément détériorées au cours des dernières années. Ce constat nécessite de s'interroger sur les caractéristiques du processus d'élaboration de la citoyenneté afin d'identifier les voies par lesquelles les conditions de la délibération pourraient encore être sauvegardées. Les acteurs de la médiation scientifique et technique peuvent jouer un rôle essentiel dans ce cadre.

Bibliographie

Aydalot P., 1985, *Economie régionale et urbaine*, Economica.

Bellit S., Granier C., Mini C., 2020, De la souveraineté industrielle aux relocalisations : de quoi parle-t-on ?, La Fabrique de l'Industrie, https://www.la-fabrique.fr/fr/publication/de-la-souverainete-industrielle-aux-relocalisations-de-quoi-parle-t-on-2/

Carrel M., Neveu C., (dir.), 2014, *Citoyennetés ordinaires. Pour une approche renouvelée des pratiques citoyennes*, Karthala.

Dermine-Brullot S., Torre A., 2020, Quelle durabilité pour le développement territorial ? Réflexions sur les composantes spatiales de l'économie circulaire, *Natures Sciences Sociétés*, vol. 28, pp. 108-117.

Hirschman A., 1995, *Défection et prise de parole*, Fayard.

Jean Y., Vanier M., (dir.), 2008, *La France. Aménager les territoires*, Armand Colin.

Las Vargas O., 2011, L'institutionnalisation de la « culture scientifique et technique », un fait social français (1970-2010), Savoirs, n°27, pp. 9-60.

Latour B., 2017, *Où atterrir ? Comment s'orienter en politique*, La Découverte.

Latour B., Schultz N., 2022, *Mémo sur la nouvelle classe écologique*, Les empêcheurs de penser en rond.

Lipietz A., 1992, Le nouveau débat régional : positions, in Benko et Lipietz (dir.), *Les régions qui gagnent. Districts et réseaux : les nouveaux paradigmes de la géographie économique*, PUF, pp. 13-32.

Madiès T., 2001, Concurrence territoriale et aides locales en faveur des entreprises : théorie et pratiques, *Economie Publique*, n°8, pp. 131-159.

Mazeaud A., 2021, Gouverner la transition écologique plutôt que renforcer la démocratie environnementale : une institutionnalisation en trompe l'œil de la participation citoyenne, Revue française d'administration publique, n°179, pp. 621-637.

Neveu C., 2013, « E pur si muove ! », ou comment saisir empiriquement les processus de citoyenneté, Politix, n° 103, pp. 205-222.

Overney L., 2011, Par-delà la participation des habitants. Pour une sociologie des épreuves de vigilance à la Duchère, Doctorat de sociologie, Université de Lyon II.

Rosanvallon P., 2021, *Les épreuves de la vie. Comprendre autrement les Français*, Seuil.

Sack R., 1986, Human Territoriality. Its Theory and History, Cambridge University Press.

Storper M., 1995, La géographie des conventions : proximité territoriale, interdépendances non marchandes et développement économique, in Rallet et Torre (dir.), *Économie industrielle et économie spatiale*, Economica, pp ; 111-127.

The Shift porject., 2022, *Climat, crises : le plan de transformation de l'économie française*, Odile Jacob.

Torre A., 2015, Théorie du développement territorial, *Géographie Economie Société,* pp. 273-288.

Veltz P., 2021, *L'économie désirable. Sortir du monde thermo-fossile*, Seuil, La République des idées.

Capello R., Nijkamp P., 1995, Le rôle des externalités de réseaux dans les performances des firmes et des régions, in Rallet et Torre (dir.), *Économie industrielle et économie spatiale*, Economica, pp ; 147-168.

L'économie régionale comme accélérateur dans une approche intergouvernementale et intégrale

Laurens ZWAAN
Consultant (certifié CMC)
Docteur en administration publique
de l'Université Érasme de Rotterdam

Dans le cas néerlandais, il faut savoir que la région en tant qu'entité politico-administrative n'existe plus depuis 2015. Le gouvernement local aux Pays-Bas est principalement la municipalité. En outre, il existe un organisme de gouvernement local fonctionnel, l'office des eaux.

Cela ne veut pas dire qu'il n'y a pas d'accent régional sur le développement économique. Cela se fait principalement sur la base de la coopération, dans laquelle les municipalités sont souvent des acteurs importants. Les partenariats régionaux basés sur la triple hélice sont particulièrement fructueux.

Le cadre de la triple hélice a été théorisé par Henry Etzkowitz et Loet Leydesdorff (1995). Dans un partenariat triple hélice, les gouvernements (municipalités et parfois gouvernement provincial et central), les entreprises privées et les organisations du savoir (recherche et éducation) se réunissent. Ceux-ci travaillent souvent ensemble sur un thème dans lequel la région est déjà à l'avant-garde. La collaboration en triple hélice stimule principalement l'innovation et le développement économique.

Certaines de ces collaborations innovantes à la base de la triple hélice proviennent du gouvernement régional, comme cela existait aux Pays-Bas jusqu'au 1er janvier 2015. Dans les années quatre-vingt-dix, il y avait l'idée de former des provinces urbaines dans certaines zones urbaines, des mélanges de provinces et de municipalités. En vertu de la loi-cadre sur le gouvernement en mutation, un certain nombre d'organismes publics régionaux ont été créés qui devaient former des provinces-villes en temps voulu. Cette forme de gouvernement régional était appelée la « région Plus ». D'un point de vue administratif, la région Plus a une couche supplémentaire de gouvernement en plus du gouvernement central, de la province et du gouvernement local (la municipalité et l'office des eaux). L'administration d'une région Plus n'est pas élue directement par le citoyen, mais est composée de représentants des autorités municipales participantes. L'absence d'une administration élue au suffrage direct était considérée comme un désavantage démocratique. Les régions Plus ont été supprimées le 1er janvier 2015. Certaines régions Plus ont été complètement abolies. Dans certains cas, une autre forme de coopération sur une base volontaire plutôt que juridique a pris leur place.

Un exemple de partenariat qui est en partie une continuation d'une telle région métropolitaine est le « Brainport Regio Eindhoven », qui provient de la région métropole d'Eindhoven. Entre 1993 et 2015. Il s'agissait d'un organe administratif régional dans le sud-est de la province du Brabant-Septentrional sous le nom de « Samenwerkingverband regio Eindhoven (SRE) » (Coopération Région Eindhoven). Le SRE a effectué trois types de tâches. Premièrement, en tant que région métropolitaine, le SRE s'acquittait des tâches statutaires d'une région. Ces tâches ont été pour la plupart reprises des provinces, entre autres la mise en service des transports publics et de la protection de la jeunesse. Deuxièmement, en tant que gouvernement local élargi, le SRE a exécuté des tâches que les municipalités participantes avaient déléguées conjointement. Troisièmement, il a exécuté des tâches qu'une ou plusieurs municipalités de la région ont sous-traitées au SRE.

Avec la suppression des « régions Plus », les tâches statutaires sont revenues à la province. La collaboration dans d'autres

domaines a pris un nouveau départ sous le nom de « région métropolitaine d'Eindhoven ».
La région métropolitaine d'Eindhoven organise la coopération entre les 21 municipalités régionales sur les trois thèmes de l'économie, de l'espace et de la mobilité. Avec cela, la région métropolitaine d'Eindhoven soutient la réalisation des ambitions de la région de connaissances de Brainport Eindhoven, telles qu'exprimées dans l'agenda Brainport 2020.
Le nom « Brainport » pour décrire la caractérisation de la région du Brabant-Sud-Est a déjà été inventé en 1997 par Jules Ruis. « Brainport Regio Eindhoven » est un partenariat entre les municipalités de la région métropolitaine d'Eindhoven, les entreprises et les institutions du savoir actives dans la région du Brabant-Oriental (région métropolitaine d'Eindhoven et environs).
Brainport Eindhoven a eu beaucoup de succès (Nijenhuis, 2018). Cela est dû en partie à la collaboration de la municipalité, de l'université technique et de l'industrie. Un campus high-tech y a été créé, devenu un vivier de start-up innovantes.
Selon Etzkowitz (2008), une triple hélice régionale qui fonctionne bien nécessite trois conditions préalables, à savoir une place pour la connaissance, le consensus et l'innovation. Il doit y avoir une concentration de centres de connaissances et de recherche avec une orientation claire (connaissances). Pour Eindhoven, il s'agit de l'Université technique et du campus de haute technologie, en mettant l'accent sur les systèmes et les matériaux de haute technologie, l'alimentation et la nutrition, les sciences de la vie et la technologie médicale. Les parties participantes doivent être convaincues de la nécessité d'une coopération sur la base d'une stratégie commune (consensus). À Eindhoven, cette collaboration a déjà vu le jour dans les années quatre-vingt-dix sous la pression de la crise économique, de la concurrence internationale croissante et favorisée par de la culture de coopération et « haute confiance » déjà existante dans la région, de la présence de Philips et de la politique de stimulation du gouvernement national. La collaboration en

matière d'innovation doit reposer sur un institut fort (innovation). Il y a une Fondation Brainport, avec des représentants de tous les acteurs au sein de la Triple Hélice. En outre, « Brainport Development NV » est un institut indépendant et légitime avec un fort caractère exécutif (Smits, 2011).
Les ports verts offrent un autre exemple réussi de triple hélice régionale, de développement économique et d'innovation dans les secteurs horticoles. Cette formule a été déployée dans six régions, avec une coordination globale. Chacune de ces régions a son propre fer de lance en horticulture, comme l'horticulture en serre dans le Westland. Cet exemple est intéressant car il montre que grâce à la coopération et à l'alignement, les régions peuvent renforcer leur position au lieu d'être des concurrentes. Certaines de ces régions sont des leaders mondiaux dans leur spécialité spécifique.
Le concept de « Greenports » a été introduit dans le mémorandum d'aménagement du territoire (VROM, 2004) du ministre du Logement, de l'Aménagement du territoire et de l'Environnement. Le gouvernement central stimule le secteur dans ces régions, entre autres, en créant un espace dans l'aménagement du territoire pour l'ensemble de la chaîne, à la fois les producteurs et les fournisseurs, le commerce, le transport, la recherche, etc.
Comme dernier exemple, nous nous attardons sur le delta quantique. La technologie quantique exploite les propriétés spéciales des petites particules pour des applications révolutionnaires et est l'une des technologies révolutionnaires du 21ème siècle. Les ordinateurs quantiques, les réseaux et les capteurs ont des applications potentielles pour le climat, la santé et la cybersécurité.
La base de Quantum Delta NL a été posée dans le National Agenda Quantum Technologie (QNL, 2019). Le delta quantique est un exemple d'innovation régionale basée sur la triple hélice avec une dimension française. Le Delta comprend cinq hubs régionaux : Amsterdam, Delft, Leiden, Eindhoven et Twente. Chacune de ces régions a une université technique forte ou une

université avec une forte branche technique et mathématique. Et chaque région dispose d'un solide réseau en triple hélice entre ces universités, le gouvernement et les entreprises innovantes. La mission de Quantum Delta NL est de positionner les Pays-Bas comme un écosystème leader dans les technologies quantiques. Cette nouvelle technologie peut être un volant d'inertie pour conduire des start-ups et des innovations et le développement économique qui les accompagne.

Cette initiative est intéressante car elle implique une coopération régionale, suprarégionale et même européenne, notamment avec la France. Cette année, les secrétaires d'État Mona Keijzer et Cédric O ont signé une lettre d'intention pour que les Pays-Bas et la France développent conjointement le secteur quantique européen dans les années à venir. Quantum Delta NL collaborera avec l'initiative nationale Quantum Français. La première initiative a été le tableau d'affichage commun de l'emploi, avec un aperçu des emplois quantiques disponibles aux Pays-Bas et en France.

L'Association des municipalités néerlandaises (VNG) est très active dans la stimulation et le soutien des municipalités dans la coopération économique régionale. À cette fin, le programme de développement économique régional et du marché du travail (REOA) a été mis en place (VNG, 2016). Comme dans les exemples de coopération régionale mentionnés ci-dessus, ce programme préconise de travailler à partir de l'ADN local et régional en s'appuyant sur la force existante. En réalisant conjointement de bonnes initiatives et expériences, le soutien des Fonds structurels et d'investissement européens peut être réclamé. Le VNG plaide pour un rôle direct pour le gouvernement central, dans lequel le renforcement du pouvoir d'agglomération et la coopération entre les villes (agglomérations bien connectées des villes moyennes), contrairement à la concurrence entre les villes, sont centraux. (Les Pays-Bas n'ont pas de grandes villes. La plus grande municipalité est Amsterdam avec 873 000 habitants.)

Tableau 1 – Les 10 premières municipalités Néerlandais

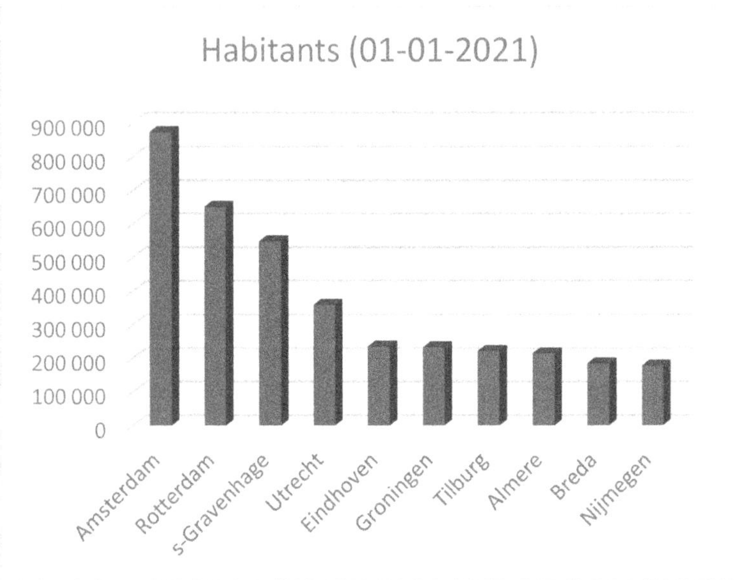

CBS.nl

Il y a une prise de conscience croissante que la région ne peut pas le faire seule et que de nombreux défis sociaux nécessitent une approche plus intégrée. Le développement économique ne peut être considéré isolément de la cohésion sociale, du climat, de la transition énergétique, des migrations, etc. Les Pays-Bas, comme de nombreux pays européens, seront confrontés à plusieurs défis dans la période à venir. Il s'agit de tâches qui ne se cantonnent pas aux limites d'une municipalité ou d'une région ou d'un domaine politique particulier. Le gouvernement central, les municipalités, les provinces et les offices des eaux ont convenu de s'attaquer ensemble à ces grands défis sociaux. À cette fin, le Programme Intergouvernemental (PIG) a été lancé en 2018 (Overhedenoverleg, 2018). Le programme se concentre sur neuf défis physiques, économiques et sociaux.

Tableau 2 – Les 9 défis du PIG

Travailler ensemble pour le climat
Une vie à l'épreuve du temps
L'économie régionale comme accélérateur
Campagne vitale
Nettement meilleur dans le domaine social
Les Pays-Bas et les migrants bien préparés
Prévenir et résoudre les dettes problématiques
Une bonne administration publique dans une société en mutation
Relations financières appropriées

La région peut être une force importante en matière d'innovation et de développement économique. L'économie régionale est donc l'une des neuf tâches, dans laquelle l'économie régionale est considérée comme un accélérateur sur les autres tâches. Le système économique au niveau régional peut être considéré comme un « écosystème », où le succès est déterminé par de nombreux facteurs. Il s'agit, par exemple, d'un marché du travail sain, qui correspond à la main-d'œuvre, et d'une communauté d'affaires active et innovante. Mais aussi de l'accessibilité, de la numérisation, de la durabilité et de la qualité du cadre de vie avec de bonnes installations, la culture et le patrimoine.
Au sein du PIG, une plate-forme d'apprentissage est en cours de développement, où les régions peuvent apprendre les unes des autres et se soutenir mutuellement. Dans le développement régional, l'approche de la triple hélice est fortement préconisée. Au sein de la triple hélice, les gouvernements ont principalement le rôle de connecteur, de facilitateur et de booster. Avec cette

approche, le PIG vise à la fois à accélérer le développement économique des régions et à renforcer le lien entre les politiques économiques des différents gouvernements aux Pays-Bas et en Europe (IBP 2019, 2020). Après tout, les plus performants sont les pays et les régions qui réussissent efficacement à aligner et à synchroniser le développement économique à tous les niveaux.

Bibliographie

Etzkowitz, Henry, Leydesdorff, Loet (1995). *The Triple Helix -- University-Industry-Government Relations: A Laboratory for Knowledge Based Economic Development.* In *EASST Review*, Vol. 14, No. 1, pp. 14-19. Rochester, NY.

IBP. (2019). *Opbrengst IBP: twee jaar interbestuurlijk samenwerken.* Den Haag, Nederland: Overheid van nu.

IBP. (2020). *Een praktische handreiking voor succesvol interbestuurlijk samenwerken.* Den Haag, Nederland: Overheid van nu.

Nijenhuis, Hendrik. (2018). *Brainport Eindhoven: Van achtergestelde regio naar kennishub van Nederland.* Nederland: Geografie.nl

Overhedenoverleg. (2018). *Programmastart IBP.* Den Haag: Nederland.

QNL. (2019). *Nationale Agenda Quantum Technologie.* Delft, Nederland: QNL.

Schardijn, Jacqueline. (2020). *Lancering Quantum Delta NL: samen bouwen aan de toekomst van quantum technologie.* Den Haag, Nederland: Innovation Quarter.

Smits, Robert. (2011) *Triple Helix in Brainport Eindhoven.* Nijmegen, Nederland: Radboud Universiteit.

VNG. (2016). *Samen de regionale economie stimuleren. De 'onderkoepelende' rol van gemeenten.* Den Haag, Nederland: VNG

VROM. (2004). *Nota Ruimte: Ruimte voor ontwikkeling.* Den Haag, Nederland: Ministerie van VROM.

Modèle des soins intégrés aux seniors comme un moyen d'attractivité du territoire

Horehájová, M., Kaščáková, A. Seberini, A. Vallušová, A.
Faculté d'Economie
Université Matej Bel de Banska Bystrica (Slovaquie)

Résumé

Une tendance typique de l'évolution démographique de la population au cours des dernières décennies réside dans son vieillissement. La part des personnes âgées dans la population totale croît, ce qui s'accompagne d'une augmentation des demandes de prestation de soins sociaux et de soins de santé à long terme. Étant donné que la Slovaquie sera l'un des pays les plus âgés de l'UE en termes de projections démographiques à l'avenir, le problème des soins intégrés de longue durée destinés aux personnes âgées devient urgent. Cette urgence est renforcée par le fait que les capacités de soins dans les établissements pour seniors et de soins dispensés à domicile ne répondent plus aux besoins des personnes âgées. L'une des solutions consiste en la création des Centres de services sociaux et de santé intégrés (CSSSI). L'objectif de notre communication est de définir les critères de la mise en place de ces centres et en même temps de déterminer les activités et les services qu'ils doivent fournir. Le modèle CSSSI fait partie d'un projet de pilotage où la création de ces centres et prévue dans trois microrégions sélectionnées du sud de la Slovaquie. Les caractéristiques du modèle et l'étendue des activités du CSSSI ont été précisées à partir de l'évaluation des données obtenues par une enquête effectuée sur les territoires concernés. Selon ses résultats, la prestation par le CSSSI devrait s'orienter vers les services de soins, le conseil social, l'aide liée à l'évaluation de l'état de santé des seniors, la location des accessoires d'aide, le suivi de certains avec des bracelets SOS et, si nécessaire, la médiation des soins de santé.

Introduction

Le vieillissement est une tendance qui a commencé en Europe il y a quelques décennies et qui s'est manifestée en Slovaquie au début des années 1990. Il s'agit des changements dans la structure de la population par âge qui se manifestent par une proportion croissante des personnes âgées et par une diminution de celle des citoyens à l'âge productif par rapport à la population totale. Selon les projections d'Eurostat (2020), cette structure de la population européenne devrait se modifier de manière significative au cours des prochaines décennies. La Slovaquie sera l'un des pays où le vieillissement de la population sera le plus marquant. Alors qu'aujourd'hui on compte environ 20 retraités pour100 personnes en âge actif, en 2060 cela devrait être jusqu'à trois fois plus.

D'ici 2080, les personnes âgées de 65 ans et plus devraient représenter 29,1 % de la population de l'UE, contre 20,6 % en 2020. En même temps, la part des seniors de 80 ans et plus dans la population de l'UE fera plus que doubler : de 5,9 % en 2020 à 12,7 % en 2080. En Slovaquie, la part de la population âgée de 65 ans et plus passera de 16,6 % actuel à environ 30 % en 2060 (Eurostat, 2020), tandis que celle de la population âgée de 80 ans et plus s'élèvera de 3,4 % à 12 %. Une augmentation aussi importante du nombre de citoyens les plus âgés présuppose, outre les demandes de soins de santé, une croissance considérable de la demande de prestations de soins de longue durée sous toute forme existante.

Nous sommes conscients que les effets du vieillissement ne peuvent pas être éliminés ou atténués par des mesures isolées dans un court laps de temps, car ils nécessitent des solutions complexes mises en œuvre au niveau national. Le but de cet article est de définir les critères relatifs à la création d'un Centre de Services Sociaux et Sanitaires Intégrés (CSSSI) ainsi que de spécifier les activités et les services dont ce Centre deviendra prestataire. Pour atteindre cet objectif, nous partons de l'analyse des résultats d'une enquête effectuée sur les besoins des personnes âgées, dans trois microrégions qui ont été sélectionnées par l'autorité territoriale de la région de Banská Bystrica (Région autonome de Banská Bystrica – BBSK). Le modèle CSSSI fait partie d'un projet de pilotage, soutenu par la Commission européenne, intitulé ***Centre des services sociaux intégrés (CSSSI) en tant qu'instrument de partenariat à plusieurs niveaux, relatif à la prestation de soins de longue durée dans les communes en Slovaquie***. Ce projet démarre sur le territoire de la BBSK où de nos jours, les collectivités locales et régionales ne sont pas encore prêtes à faire face aux changements démographiques induits par le vieillissement de la population. Le système actuel de services de soins de longue durée est insuffisant, en particulier du point de vue du cadre législatif, des compétences, du financement des collectivités locales, ainsi que d'une grande fragmentation de ces dernières (il existe de nombreuses municipalités de moins de 1 000 habitants dans le pays).

L'objectif du ledit projet consiste donc à créer un modèle de pilotage fonctionnel des centres de services sociaux et de santé pour les personnes âgées (Horehajova et al.) selon lequel ces centres se serviraient d'une plate-forme d'intégration de l'ensemble de ce type de services, sous contrôle de divers prestataires publics et non publics, et cela à deux niveaux : au niveau horizontal, les centres regrouperont plusieurs municipalités, c'est-à-dire, ils assureront la prestation de services aux seniors de ces communes. Le CSSSI basé dans une municipalité devrait créer des conditions favorables pour la prestation de services, qui soit n'existent pas actuellement dans la région, soit sont insuffisants pour répondre aux besoins croissants d'une population vieillissante, et cela notamment dans le but d'améliorer la qualité d'allocation des services en question. Au niveau vertical, les CSSSI constitueraient une plate-forme permettant la connexion entre les niveaux local, régional et national de la prestation de services sociaux et de santé pour les personnes âgées dans une zone sélectionnée du pays.

Nous supposons que ce regroupement des municipalités aboutira à un système plus coordonné et ciblé de services plus flexibles et durables, couvrant l'ensemble d'activités de prévention et toutes les formes de services sociaux de longue durée. L'objectif consiste à rapprocher les services du client pour que ce dernier puisse rester dans son cadre de vie tant que son état de santé le permet. Comme il s'agit d'un projet pilote, la mise en place des trois premiers CSSSI en Slovaquie vise à vérifier leur fonctionnalité, afin d'appliquer ce modèle à d'autres territoires. Les résultats de cette vérification serviront d'appui pour définir une réforme nationale nécessaire dans le domaine des soins de longue durée aux seniors, ainsi que pour élaborer une nouvelle législation y adaptée. Ce modèle innovant fournira des bases de données représentant une source précieuse d'informations pour l'extension du modèle à d'autres régions du pays.

Comme cela a déjà été mentionné, les CSSSI relient les niveaux local, national et régional en prestation des services sociaux aux personnes âgées dans trois microrégions sélectionnées. Il s'agit de Novohradské Podzámčie (I), Veľký Potok – Ipeľ (II) et Banská Štiavnica (III). Ces microrégions (I, II, III ci-après) ont un degré d'urbanisation faible ou moyen, ce qui est typique d'un peuplement rural considérablement dispersé (hameaux), résultant d'un développement historique. On trouve ce type de peuplement en particulier dans la partie nord de la microrégion II qui entre dans la catégorie des territoires moins développés du pays et représente un vrai problème relatif à la prestation des services sociaux de terrain aux personnes âgées. Les microrégions sélectionnées se caractérisent par un nombre élevé de petites municipalités et par une faible densité de population. A titre d'exemple, la population de la microrégion III a diminué en 2020 de 1 092 personnes par rapport à l'année 1993, soit de 6,3 %, et ne représente qu'environ 2,5 % de la population BBSK. Dans la microrégion II, elle a diminué en 2020 de 1 086 personnes par rapport à 1993 (une baisse de 12,3 %) et constitue seulement 1,2 % de la population BBSK. Quant à la microrégion I, le nombre d'habitants y est en baisse depuis 2005 pour représenter environ 1,23 % de la population BBSK en 2020.

La structure par âge de la population des microrégions concernées change également, tout en copiant ces changements dans l'ensemble de la région BBSK et dans le pays entier. Les parts des habitants pré-productifs et productifs de la population de ces microrégions sont en déclin, tandis que la part post-productive est en croissance. En suivant l'évolution des indicateurs démographiques et leurs prévisions, la tranche de la population âgée de 65 ans et plus devrait croître jusqu'à atteindre 19,4 %, soit 6 164 habitants en 2023 (à la place des 5 829 en 2020). L'indice de vieillissement et le taux de dépenses vieillesse répondent également à l'évolution de la structure par âge de la population des microrégions. Les valeurs de ces deux indicateurs (respectivement 126,3 % et 26,9 %) y sont légèrement supérieures aux valeurs de l'ensemble de région BBSK (122,7 % et 26,8 %), mais également supérieures à leur moyenne nationale (107,3 % et 25,5 %) – toutes ces données sont pour 2020.

L'objectif de la création des CSSSI ne repose pas seulement sur la mise en place d'un système efficace de soins, mais surtout sur l'effort de mieux répondre aux besoins des citoyens dans les localités où une telle réponse s'avère la plus urgente. Au CSSSI, on fournira à une personne âgée et à ses proches tous les renseignements relatifs aux soins de santé, aux soins sociaux, ainsi qu'à différentes questions d'indemnisation, c'est-à-dire les renseignements complets à un seul endroit. Le rôle du CSSSI sera également d'identifier les besoins des seniors, de lancer les actions de prévention et de mettre en réseau tout soutien leur destiné, y compris la prestation directe de services sociaux. Grâce à une étude qualitative de besoins des seniors, il serait possible de trouver une combinaison appropriée des services qu'un CSSSI est censé offrir. Le modèle de soins aux personnes âgées ainsi mis en place devrait, dans la mesure du possible, privilégier les soins de proximité et les services ambulatoires, ainsi que soutenir les activités de prévention.

1. Les soins aux seniors à long terme

Selon la définition de l'OCDE (2011), les soins de longue durée représentent l'ensemble de services dont les personnes dépendantes ont besoin dans leurs activités quotidiennes. Ils sont considérés comme les tâches en libre-service que l'individu doit effectuer chaque jour, telles que l'hygiène personnelle, l'habillage, l'alimentation, etc. Ce type d'aide est souvent fourni en combinaison avec des services de santé de base comme le sont par exemple les soins infirmiers. La prestation de ces services devrait contribuer à une amélioration de la qualité de vie personnelle des seniors (Freeman et al. 2017).

L'importance des soins systématiques de longue durée pour les personnes âgées se reflète dans plusieurs documents, plans ou stratégies officiels non seulement des États membres de l'UE, des organes directeurs de cette dernière, mais également dans les documents d'autres organisations, telles que l'OCDE et l'OMS, et cela en particulier dans le contexte d'un développement démographique défavorable des régions mondiales développées. La nécessité de la mise en place et de l'évolution des systèmes de soins de longue durée soutenables et équitables a apparu parmi les objectifs stratégiques du document ***Stratégie et du Plan d'action mondiaux sur le vieillissement et la santé 2016 – 2020***, publié par WHO (2016). À cet égard, on y souligne que les personnes âgées ont droit à des soins et à un soutien qui préservent le meilleur niveau possible de leur capacité fonctionnelle et qui soient conformes à leurs droits humains, leurs libertés fondamentales et à leur dignité humaine.

En 2012, le Comité régional de l'OMS pour l'Europe a adopté une ***Stratégie et un plan d'action pour vieillir en bonne santé en Europe (2012 – 2020)*** dont le 3e chapitre est consacré aux systèmes de santé et de soins de longue durée adaptés aux populations vieillissantes. Dans ce volet, la stratégie propose cinq interventions prioritaires : la promotion de l'activité physique, la prévention des chutes, la vaccination des personnes âgées et la prévention des maladies infectieuses dans les établissements de soins de santé, l'encadrement des aidants informels par le secteur public, l'accent étant mis sur les soins à domicile, et enfin un renforcement des capacités des travailleurs de la santé et travailleurs sociaux en matière de gériatrie et de gérontologie.

A la base du ***Joint Report on Health Care and Long-Term Care Systems and Fiscal Sustainability*** (Commission européenne, 2019), on peut affirmer que plusieurs pays de l'UE connaissent non seulement des évolutions démographiques très similaires, mais rencontrent également des problèmes identiques liés à la part croissante des personnes âgées dans la population totale. Même les pays comme la Belgique, le Danemark, la Suède, les Pays-Bas, dont les dépenses de soins de santé de longue durée, en pourcentage du PIB, vont de 2,41 % jusqu'à 2,85 %, et appartiennent ainsi aux plus élevées dans l'UE, sont confrontés aux mêmes défis relatifs à une amélioration des soins de longue durée pour les personnes âgées. Il s'agit en particulier de modifier le cadre juridique de la prestation de ce type de soins, autant par rapport à leurs prestataires qu'à leurs bénéficiaires. Ces pays s'accordent également sur la nécessité de soutenir les soins à domicile et d'améliorer leur coordination par le biais d'un centre d'information unique, notamment la coordination de l'offre des services sanitaires et sociaux. Selon Spasova et al. (2018), une coordination insuffisante de ces services affecte principalement le temps d'attente pour obtenir la prestation d'un service, ainsi que l'ensemble des procédures administratives. Bien que les coûts des soins de longue durée dans ces pays mentionnés soient parmi les plus élevés de l'UE, dans leurs rapports annuels, la nécessité d'améliorer leur financement ainsi que d'utiliser plus efficacement les ressources financières continue à être soulignée. Cela est lié en particulier à une augmentation de l'efficacité administrative de l'ensemble du système ainsi que de la collecte de données et d'informations nécessaires pour améliorer le rapport qualité-prix.

La situation dans les soins de santé et les services sociaux de longue durée destinés personnes âgées en Slovaquie est bien pire que dans les pays mentionnés. Ceci est démontré non seulement par le fait que les dépenses y affectées ne représentent que 0,03 % du PIB, mais aussi que ces services ne répondent pas aux besoins actuels des personnes âgées dans le pays. La Slovaquie accuse un retard considérable en ce qui concerne d'une part la capacité de soins dans les établissements pour les seniors et à domicile, et d'autre part le nombre disponible des soignants informels. L'inefficacité des soins aux seniors à long terme se traduit surtout par une double évaluation de leur état de santé (deux organismes y interviennent), une faible prévention de leur dépendance, par une gestion peu transparente et un financement confus des soins de longue durée. La solution de ce problème a un caractère intersectoriel, voire interministériel, puisque la prestation de ce type des services relève des compétences de deux ministères – du Ministère des Affaires sociales et de celui de la Santé (Ministère des Finances, 2020, p. 81).

Depuis 2012, le gouvernement de la République slovaque a entamé le processus de transformation du processus d'allocation des services sociaux dans le but de créer et de garantir des conditions d'une vie indépendante et libre de tous les citoyens qui ont besoin d'une aide dans leur environnement social naturel et au sein d'une communauté. Une partie de ce processus comportait le transfert de compétences sélectionnées aux niveaux local et régional, ce qui devait garantir le principe de subsidiarité sociale, ainsi que la nature communautaire de la prestation des services sociaux. Bien qu'il existe dans le pays un système à plusieurs niveaux de prestation des services de soins de longue durée, ces niveaux ne sont pas interconnectés, c'est-à-dire il n'y a pas de de coordination des services en faveur de la situation individuelle de la personne qui en a besoin. Les soins de santé et les services sociaux constituent deux systèmes distincts. Chacun d'eux est régi par sa propre législation et ses propres normes. Par conséquent, vu l'absence d'une organisation unique des soins intégrés à long terme, leur prestation est assumée d'une façon fragmentée, par le biais de trois domaines.

Le premier domaine constitue le système des services sociaux, qui est réglementé par la Loi 448/2008 sur les services sociaux, telle que modifiée. Du point de vue de la prestation de soins de longue durée, il s'agit d'une norme législative essentielle. Les services sociaux visent à prévenir, remédier ou atténuer la situation sociale défavorable d'un individu, de sa famille ou de sa communauté. À l'heure actuelle, les services sociaux aux seniors sont fournis principalement par les établissements qui leur sont destinés, les établissements spécialisés et les foyers de services sociaux. La prestation de ces services est partiellement assumée également par le biais de soins infirmiers à domicile.

Le deuxième domaine est celui du système de santé. La prestation de soins de longue durée est partiellement assurée au sein de ses établissements, conformément à la Loi 576/2004 sur les soins de santé. Les soins de longue durée s'y concentrent principalement sur les seniors atteints de maladies chroniques et sur ceux qui ont besoin de soins gériatriques. Ces derniers sont dispensés pour la plupart par le biais des agences de soins infirmiers à domicile (ADOS), par les cabinets gériatriques, par différents établissements de séjour (services de soins de longue durée, services gériatriques et palliatifs dans les hôpitaux), mais aussi par les structures médicales spécialisées, hôpitaux psychiatriques, maisons de repos et hospices. Tous ces soins de santé sont financés par les caisses d'assurance maladie, en majorité sur une base forfaitaire.

Le troisième domaine consiste en soi-disant des soins informels dont la prestation est assurée à domicile dans le cadre des soins à long terme, et pris en charge sous forme d'une allocation de soins, conformément à la Loi 447/2008 sur les contributions financières en cas d'invalidité grave. C'est cette forme d'accompagnement des seniors à long terme qui est la plus répandue et qui prend également en compte le principe d'une prestation de service dans l'environnement naturel du citoyen.

Le rapport de la Commission européenne (2019) sur la Slovaquie évaluant les progrès de la mise en œuvre des réformes structurelles constate que la prestation de soins de longue durée reste limitée. Comme la responsabilité en est partagée entre le système social et celui de santé, que différentes organisations opèrent dans ce champ et que des sources de financement variées y sont utilisées, tout cela constitue des entraves à une coordination efficace. Les listes d'attente des seniors pour obtenir des places dans différents établissements de séjour sont longues, la qualité du service est jugée faible, et le coût des structures privées est généralement très élevé.

Une coopération insuffisante entre les deux ministères concernés et les autorités aux niveaux national, régional et local représente elle aussi un sérieux obstacle à la coordination des soins de longue durée pour les personnes âgées. La fragmentation de l'administration publique au niveau municipal, où jusqu'à 70 % des municipalités comptent moins de 1 000 habitants, crée des frais de roulement élevés et par conséquent, elle freine l'efficacité de l'administration locale. Les capacités financières des municipalités sont donc souvent très limitées en termes de prestations de services publics de base et de besoins d'infrastructure appropriée, ce qui se reflète dans un manque général de ressources relatives aux services sociaux, à la formation des soignants, à l'aménagement du territoire et à la construction des établissements nécessaires.

Un autre défi réside dans la répartition des compétences entre les organes de l'administration publique (autorités territoriales et locales, et prestataires sous leur contrôle) et les allocataires de services non publics. La diversité des prestataires de services sociaux nécessite une bonne coopération entre tous ces acteurs, tant au niveau institutionnel qu'au niveau du personnel compétent. L'expérience montre que la coopération et l'échange d'informations et de connaissances entre ces entités sur un territoire n'atteignent pas de niveau satisfaisant.

Comme mentionné ci-dessus, le système des soins de longue durée pour les personnes âgées en Slovaquie est fragmenté du point de vue des secteurs, des acteurs et de leurs compétences, de sorte que le rôle le plus important d'un CSSSI consisterait à intégrer et interconnecter les composantes dispersées dans leur ensemble, afin que le citoyen-senior reçoive tous les soins nécessaires à un seul endroit.

2. Méthodologie

Les données sur les besoins des seniors recueillies dans le cadre de notre projet intitulé ***Centre des services sociaux intégrés (CSSSI) en tant qu'instrument de partenariat à plusieurs niveaux relatif à la prestation de soins de longue durée dans les communes en Slovaquie*** ont représenté la base pour la définition des activités et des services qu'un CSSSI devrait assumer. Ce dernier est censé devenir l'acteur clé d'un nouveau modèle de services, voire de soins intégrés aux seniors au niveau local. Le modèle en question repose sur cinq principes essentiels que respectent des modèles similaires de travail avec cette catégorie de la population dans d'autres pays européens, comme l'Autriche, la Suisse ou la Norvège. Il s'agit des principes suivants :

1. le besoin d'intégration et d'interconnexion des services sociaux et de santé destinés aux seniors, reposant sur une coordination de leur prestation à un seul endroit et d'une manière claire et compréhensible pour les seniors ;
2. l'approche individuelle, c'est à dire la prestation de services visant les individus, les familles et les communautés (au sein des villes et des municipalités) ;
3. la prestation de soins ambulatoires et ceux de terrain, donc l'accompagnement de la personne âgée dans son domicile qui est son milieu de vie naturel ;
4. la planification communautaire participative, qui se traduit par un plan élaboré conjointement pour l'ensemble des communes d'une microrégion ;
5. la prestation de soins de longue durée conformément à la législation en vigueur.

Par rapport à la Slovaquie, il faut ajouter que des changements législatifs sont nécessaires pour que le modèle proposé de soins intégrés soit fonctionnel et surtout financièrement viable à long terme. Il s'agit notamment du besoin d'une nouvelle loi qui permettrait de faciliter l'intégration des soins de longue durée. L'offre aux seniors de l'assistance et du soutien de qualité, accessibles et complets, y compris des soins de longue durée, augmentera également l'inclusion des personnes handicapées, conformément à la Convention des Nations Unies relative aux droits des personnes handicapées.

L'objectif principal de notre projet consiste en la mise en place des trois CSSSI sur le territoire de la région de Banská Bystrica (BBSK) et en la vérification ultérieure de leur impact sur la disponibilité des services en question pour les personnes âgées dans les trois microrégions correspondantes. La création des centres a été précédée d'une étude sur l'état actuel de la région de Banská Bystrica en termes de sa situation démographique, sociale et économique afin d'identifier les microrégions du BBSK où l'urgence du besoin d'intervention dans le domaine des soins aux personnes âgées devenait la plus aiguë. L'analyse des données collectées a abouti à l'élaboration de plusieurs coefficients qui nous ont conduit à sélectionner deux microrégions à haute urgence d'intervention (Novohradské Podzámčie – I et Veľký Potok-Ipeľ – II) et une microrégion à urgence moyenne (Banská Štiavnica – III) pour y lancer une opération pilote.

Ensuite, une enquête a été effectuée dans ces trois microrégions de la BBSK dont l'évaluation des résultats a permis d'identifier les besoins des seniors en matière de services sociaux et de santé pour en déduire l'objet d'activité et les tâches clé de chaque CSSSI. La collecte de données s'est réalisée en juillet 2021 par les enquêteurs de l'agence Actly sous forme d'un questionnaire auquel les personnes interrogées répondaient en face à face. L'échantillon comprenait 600 répondants âgés de 60 ans et plus pour l'ensemble de trois microrégions. En termes de représentativité, l'échantillon a été divisé en deux catégories par âge (60 – 74 et 75+) et également en deux par sexe. Les nombres des seniors dans ces catégories ont résulté des données de l'Office statistique de la République slovaque relatives au nombre d'habitants dans les communes et à leur structure par âge. Le questionnaire contenait 18 questions, pour la plupart fermées, et l'identification des communes d'où venaient les répondants. Dix questions visaient le profil sociodémographique du répondant, les autres portaient sur le fond du sujet. On a cherché à savoir quelles tâches quotidiennes des répondants nécessitent une aide, ainsi que les possibilités d'aide de la part de leurs familles, de leur entourage proche ou de la part des municipalités. Les données acquises par l'enquête comprenaient au total les 94 variables que nous avons traitées par le programme statistique IBM SPSS 28.

3. Résultats et discussion

Le but de l'enquête par questionnaire consistait à connaître l'ampleur de la demande de la population de plus de 60 ans en matière de services sociaux et en partie aussi de ceux de santé. Le Tableau 1 montre la composition de l'échantillon par catégorie d'âge et par sexe dans chaque microrégion, indiquée par les chiffres I, II, III.

Tableau 1 Echantillon des microrégions par âge et sexe

		Microrégion I		Microrégion II		Microrégion III		Total	
		60-74	75+	60-74	75+	60-74	75+	60-74	75+
Sexe	homme	48	12	42	19	92	33	182	64
	femme	53	30	63	30	124	54	240	114
Total		101	42	105	49	216	87	422	178

Source : Résultats de l'enquête, 2021

Dans la partie principale du questionnaire, nous avons présenté aux répondants une liste de tâches censées évoquer un besoin des services sociaux (Tabl. 2). Dans un premier temps, nous leur avons demandé d'indiquer pour quelles tâches ils auraient besoin d'assistance, sans égard au fait qu'ils soient actuellement aidés ou pas. Dans un deuxième temps, ils ont été priés d'affecter à ces activités une personne ou une institution qui les aide à réaliser ces dernières, ou le fait qu'ils ne trouvent pas d'aide. Nous les avons ensuite invités à identifier une tâche pour l'accomplissement de laquelle ils seraient intéressés par un service adapté dont le prestataire serait la municipalité.

Le Tableau 2 montre les réponses des répondants à la question de savoir pour quelles tâches ils ont besoin d'une assistance. La plupart des personnes de plus de 60 ans en ont besoin pour se déplacer en voiture chez le médecin ou ailleurs afin de pouvoir régler différentes affaires administratives (21 %), en deuxième position arrive l'accompagnement chez le médecin ou ailleurs pour différentes affaires (19 %) et en troisième position l'achat de la nourriture (16 %). Ils ont ensuite besoin de se faire livrer ou de préparer le repas (14 %), ainsi que pour faire le ménage (13 %). De 5 à 9 % de l'échantillon de plus de 60 ans déclarent un besoin d'aide pour d'autres tâches de la liste. Au total, 31 % des répondants nécessitent une aide pour au moins une tâche, mais cette proportion varie d'une microrégion à l'autre. 18 % des seniors sont dépendants d'une assistance dans la microrégion I, 30 % dans la microrégion II et jusqu'à 38 % dans la microrégion III.

La situation dans les trois microrégions diffère également en ce qui concerne le nombre de tâches que les personnes âgées jugent nécessaires, comme l'illustre le Graphique 1. Dans la microrégion I, où le niveau des services sociaux est le moins développé, les seniors qui sont relativement en bonne santé ont déclaré un besoin d'assistance plutôt faible, et n'en demandent que pour quelques tâches ou activités. Les personnes âgées interrogées de la microrégion III ont exprimé un besoin d'assistance plus complexe. Cependant, les seniors qui dominent dans les deux microrégions moins développées sont dans un état de santé plutôt grave et nécessitent une assistance pour presque toutes les tâches quotidiennes. En nous nous appuyant sur ces résultats de l'enquête, nous pouvons conclure que la demande des services sociaux est stimulée par leur offre. Les seniors ne deviennent conscients d'un besoin d'aide que lorsqu'ils voient dans leur entourage que ce besoin peut être satisfait par le biais de la prestation de certains services.

Tableau 2 Part des personnes de plus de 60 ans ayant besoin d'aide en matière des services sociaux

	Microrégion I		Microrégion II		Microrégion III		Total	
Tâches	**% répondants**	**% cas**	**% répondants**	**% cas**	**% répondants**	**% cas**	**% répondants**	**% cas**
Acquisition des renseignements sur les services existants, recherche des solutions à des situations de vie défavorables	8%	42%	8%	26%	10%	26%	9%	28%
Hygiène personnelle	9%	50%	12%	40%	6%	16%	8%	27%
Immobilité	7%	38%	10%	32%	9%	23%	9%	27%
Achat de nourriture et d'autres biens de consommation courante	10%	58%	15%	49%	19%	50%	16%	51%
Livraison ou préparation du repas	9%	50%	17%	55%	15%	40%	14%	45%
Tâches courantes quotidiennes	6%	35%	8%	26%	3%	9%	5%	16%
Faire le ménage	8%	46%	11%	36%	17%	43%	13%	42%
Transport en voiture chez le médecin ou ailleurs pour des affaires administratives	13%	73%	25%	81%	23%	62%	21%	68%
Accompagnement chez le médecin ou pour régler des affaires administratives	12%	65%	17%	55%	23%	60%	19%	60%
Appel à l'aide	8%	42%	8%	26%	2%	5%	5%	15%
Accessoires d'aide	8%	42%	8%	28%	9%	24%	9%	28%

Services infirmiers	8%	46%	8%	28%	7%	18%	8%	24%
Nombre de cas	18%		31%		38%		31%	

Source : Résultats de l'enquête, 2021

Graphique 1 Part des seniors (% de l'ensemble des répondants) selon le nombre d'activités dont l'exécution par les seniors nécessite une assistance

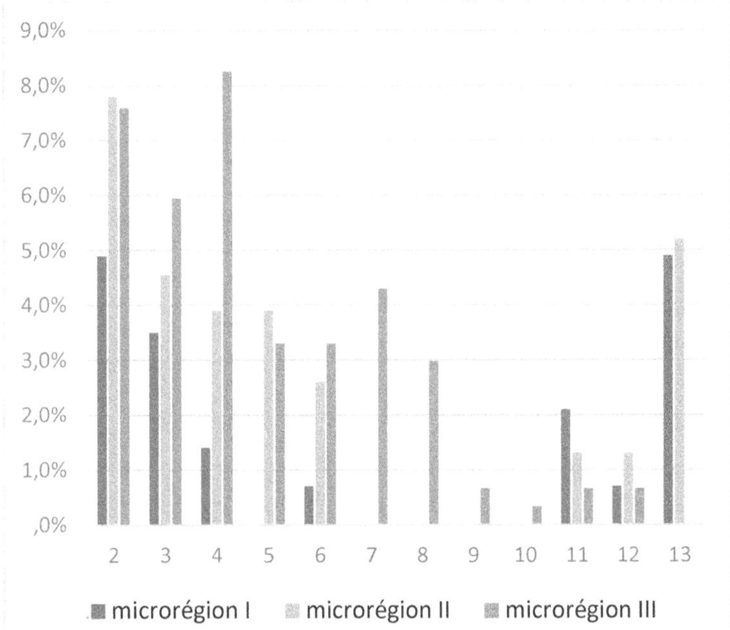

Source : Résultats de l'enquête, 2021

Dans ce contexte, nous avons interrogé nos répondants également sur leur lieu préféré de prestation des services sociaux. Comme le montre le tableau 3, jusqu'à 90 % d'eux préfèrent la prestation de ces services à domicile. Cette préférence est moins prononcée dans la microrégion III, où il existe un réseau relativement correct de prestataires de services sociaux. Les préférences des seniors pour la prestation des services sociaux à domicile confirment l'opinion générale selon laquelle une offre de qualité de ces services a le potentiel de créer une demande.

Tableau 3 Lieu préféré de prestation des services sociaux

	Microrégion I	Microrégion II	Microrégion III	Total
A domicile	99,3%	99,4%	80,9%	90,0%
Logement séparé avec accompagnement	0,7%		7,9%	4,2%
Etablissements de seniors – séjour permanent		0,6%	10,2%	5,3%
Autres			1,0%	0,5%

Source : Résultats de l'enquête, 2021

Tableau 4 Proportion des seniors de plus de 60 ans dont la demande de services sociaux n'est pas satisfaite

	Microrégion I		Microrégion II		Microrégion III		Všetci	
Tâches	% répondants	% ayant besoin d' aide	% répondants	% ayant besoin d' aide	% répondants	% ayant besoin d' aide	% répondants	% ayant besoin d' aide
Acquisition des renseignements sur les services existants, recherche des solutions à des situations de vie défavorables	6%	82%	8%	100%	3%	30%	5%	57%
Hygiène personnelle	5%	54%	7%	58%	1%	11%	3%	40%
Immobilité	3%	50%	7%	73%	0%	4%	3%	33%
Achat de nourriture et d'autres biens de consommation courante	7%	67%	6%	39%	2%	9%	4%	25%

Livraison ou préparation du repas	3%	31%	6%	35%	2%	15%	3%	24%
Tâches courantes quotidiennes	3%	56%	6%	83%	0%	0%	3%	48%
Faire le ménage	4%	50%	6%	53%	4%	22%	4%	33%
Transport en voiture chez le médecin ou ailleurs pour des affaires administratives	3%	21%	5%	18%	3%	11%	3%	15%
Accompagnement chez le médecin ou pour régler des affaires administratives	2%	18%	3%	15%	5%	23%	4%	21%
Appel à l'aide	5%	64%	6%	83%	0%	0%	3%	59%
Accessoires d'aide	4%	55%	6%	69%	1%	14%	3%	37%
Services infirmiers	1%	17%	5%	54%	1%	10%	2%	24%

Source : Résultats de l'enquête, 2021

Le Tableau 4 donne l'image du nombre de répondants dont la demande de services sociaux est susceptible d'être insatisfaite. Il s'agit des seniors qui, à la question s'ils avaient besoin d'aide ou d'assistance pour une tâche donnée, ont répondu que oui, mais à la question suivante portante sur ceux qui les aident, ont soit déclaré que personne ne les aidait, soit n'ont indiqué aucune possibilité proposée. En raison de plusieurs réponses absentes à cette question, nous pensons qu'il s'agit d'une demande des services sociaux qui reste insatisfaite.

Les résultats de l'analyse signalent une situation défavorable relative à la prestation des services sociaux, en particulier dans les microrégions I et II. Pour la plupart des tâches sur lesquelles portaient nos questions, plus de la moitié des répondants ont déclaré qu'ils avaient besoin d'aide mais ils n'en ont pas trouvé. Un constat plutôt positif consiste dans le fait que les besoins liés aux tâches pour lesquelles les seniors ont le plus souvent besoin d'assistance (le transport et l'accompagnement pour aller chez le médecin d'une part, et pour aller régler différentes affaires administratives d'autre part) appartiennent à ceux dont le taux de satisfaction est le plus élevé. En revanche, la livraison des repas et l'achat de nourriture, voire d'alimentation, pose problème à un tiers des répondants qui sont dépendants d'une aide. Dans la microrégion I, 67 %, des répondants qui comptent sur cette aide pour l'achat des aliments ne la trouvent pas. Dans la microrégion II, une assistance relative à l'acquisition des renseignements, à l'hygiène personnelle, à l'immobilité, aux différentes tâches quotidiennes, à l'appel d'aide ou encore à l'obtention des différents accessoires d'aide est particulièrement difficile à trouver.

Tableau 5 Proportion de seniors de plus de 60 ans qui profiteraient de la prestation des services sociaux par la municipalité

	Microrégion I		**Microrégion II**		**Microrégion III**		**Total**	
Tâches	**% répond.**	**% cas**	**% répond.**	**% cas**	**% répond.**	**% cas**	**% répond.**	**% cas**
Acquisition des renseignements sur les services existants, recherche des solutions à des situations de vie défavorables	1%	8%	0%	0%	15%	0%	8%	23%
Hygiène personnelle	1%	8%	1%	2%	4%	2%	3%	7%
Immobilité	2%	13%	1%	4%	4%	4%	3%	9%
Achat de nourriture et d'autres biens de consommation courante	5%	29%	12%	41%	17%	41%	13%	39%

Livraison ou préparation du repas	3%	21%	11%	37%	15%	37%	11%	34%
Tâches courantes quotidiennes	1%	4%	1%	2%	2%	2%	1%	4%
Faire le ménage	2%	13%	6%	22%	10%	22%	7%	22%
Transport en voiture chez le médecin ou ailleurs pour des affaires administratives	13%	79%	25%	83%	21%	83%	20%	59%
Accompagnement chez le médecin ou pour régler des affaires administratives	7%	42%	14%	46%	16%	46%	13%	39%
Appel à l'aide	1%	4%	1%	2%	2%	2%	1%	3%
Accessoires d'aide	2%	13%	1%	4%	8%	4%	5%	14%
Services infirmiers	5%	29%	3%	11%	7%	11%	6%	16%
Nombre de cas	17%	100%	30%	100%	44%	100%	34%	100%

Source : Résultats de l'enquête, 2021

Le Tableau 5 montre le nombre des personnes interrogées qui seraient disposées à utiliser le service social pour une tâche donnée, si une telle offre existait de la part de la municipalité. 17 % des seniors de la microrégion I, 30 % de la microrégion II et jusqu'à 44 % de la microrégion III profiteraient de la prestation d'au moins un service. Nos répondants seraient les plus intéressés par le transport et l'accompagnement chez le médecin et aux endroits où ils doivent se rendre pour régler des affaires administratives, par l'achat des aliments et également par la livraison des repas. Au contraire, les moins nombreux sont ceux qui manifestent de l'intérêt pour les services liés aux tâches interférant étroitement avec leur espace intime, comme l'aide à l'hygiène personnelle, à la mobilité, à l'appel à l'aide ou aux tâches courantes quotidiennes.

Conclusion

Les résultats de notre enquête dans les trois microrégions sélectionnées du territoire autonome BBSK en Slovaquie centrale ont confirmé que le niveau de la prestation de soins de longue durée aux personnes âgées y est insuffisant. Les réponses des seniors interrogés nous ont aidés à identifier les services, voire les genres d'aide dont les seniors ont le plus besoin. En nous appuyant sur cette situation objective dans laquelle les seniors se trouvent en termes d'accès aux soins de longue durée, nous estimons nécessaire que les CSSSI émergents assurent notamment les prestations suivantes : les services de soins, le conseil social, l'aide liée à l'évaluation de l'état de santé des seniors, leur suivi par l'intermédiaire des bracelets SOS, ainsi que la médiation des soins de santé si nécessaire. De plus, le rôle du CSSSI serait de fournir un soi-disant service de « soulagement » à une personne qui s'occupe d'un senior gravement handicapé. La prestation de ce service se limitera à une durée maximale de 30 jours et le CSSSI l'assumera en coopération avec des soignants à domicile ou avec les établissements des services sociaux pour personnes âgées.

Dans le cadre de la prestation de services de soins, nous avons identifié pendant notre enquête plusieurs tâches pour l'exécution desquelles une aide aux seniors des microrégions étudiées serait la bienvenue. Ces derniers demandent le plus souvent les services (énumérés par la Loi 448/2008) comme l'accompagnement à des examens médicaux ou à des institutions publiques pour y régler leurs différentes affaires. A cet accompagnement est étroitement lié la demande d'un autre service – celui de transport en voiture ce qui nécessite que cette dernière soit adaptée et équipée au transport des personnes handicapées. Parmi les services fréquemment demandés figurent également ceux que ladite loi indique comme soins du ménage, tel que l'achat de nourriture et d'autres petits biens de consommation, ainsi que la livraison des repas.

Une partie des services de soins représentent les tâches courantes quotidiennes relatives à l'assistance à l'hygiène personnelle, à l'habillage et au déshabillage, à la marche, à se rendre aux toilettes, etc. Bien que, d'après les résultats de notre enquête, l'assistance à ces tâches soit moins demandée, cela ne prouve certainement pas qu'elle ne suscite aucun intérêt. La raison en réside plutôt dans le fait qu'il s'agit des services nécessaires aux personnes âgées dépendantes à l'âge plus élevé et gravement malades qui souvent ne vivent plus chez elles. Ce sont les données obtenues dans la microrégion III qui le prouvent – dans cette dernière, il y a une disponibilité des établissements résidentiels pour les personnes âgées relativement élevée, en comparaison avec les deux autres, ce qui explique que la demande d'aide pour les tâches quotidiennes soit plus faible. À l'opposé, dans les territoires où les seniors restent pendant leur vieillesse chez eux, leur besoin d'assistance pour exécuter ces tâches augmente. On peut donc supposer que si les CSSSI deviennent prestataires de services de soins plus nombreux et de meilleure qualité, les seniors préféreront vivre à domicile (ce qui a été d'ailleurs déclaré par jusqu'à 90 % de nos répondants) et que la demande d'assistance aux tâches quotidiennes augmentera.

En dehors des services à caractère pratique, les seniors demandent de l'aide relative à l'accès aux renseignements sur les services existants qui pourraient les aider dans la situation à laquelle la vieillesse les a amenés. C'est pourquoi le CSSSI devrait compter parmi ses activités des services consultatifs visant une amélioration générale de l'état de vie des seniors. A titre d'exemple, il s'agira de les aider à rédiger le rapport officiel sur leur santé, vu que selon la législation en vigueur c'est de ce rapport que dépend ensuite leur droit à certains services sociaux ou à ceux de santé. Le CSSSI assumera également le rôle de prestataire de différents accessoires d'aide, tels que le fauteuil roulant, les toilettes mobiles, les béquilles ou autres.

Un résultat important de notre enquête repose sur le fait que les personnes âgées souhaitent vivre leur vieillesse chez elles, à domicile. Presque tous nos répondants ont exprimé ce souhait. Rester seul à la maison ou dans un appartement à l'âge élevé et en santé plus ou moins brisée est souvent accompagné d'angoisse de ne pas avoir d'aide, si nécessaire. C'est pourquoi le CSSSI serait censé garantir un service de surveillance d'urgence, en louant des bracelets de surveillance SOS. Ces appareils sont utiles par exemple dans le cas où la personne n'est plus capable de demander de l'aide par son téléphone portable en raison d'une détérioration soudaine de l'état de santé ou d'une chute incontrôlée. Les bracelets seront connectés à un centre de surveillance, qui fournira aux personnes âgées le soutien nécessaire de la part de leurs proches, des soins de santé d'urgence ou d'une assistance policière si nécessaire.

En dehors des services sociaux, la prestation du CSSSI comprendra également des soins de santé, notamment en coopération avec les Agences de soins infirmiers à domicile (ADOS). Il s'agit de la prestation de soins comme les pansements, injections et perfusions, etc., principalement par les infirmières en coopération avec des médecins externes, généraux ou spécialistes, et avec la famille du senior.

Enfin, il faut ajouter qu'après un certain temps que nous estimons à peu près à deux ans, il sera nécessaire de vérifier la fonctionnalité et l'efficacité des trois CSSSI en appliquant la même méthode qui a été utilisée à la prospection de la demande des services de la part des personnes âgées avant la création de ces centres. En outre, un critère important de la durabilité de ces derniers dans les conditions slovaques consistera en la réalisation des changements législatifs qui sont essentiels au succès de ce modèle des soins intégrés de longue durée pour les seniors.

En conclusion, l'intérêt que la création des trois premiers CSSSI en Slovaquie en 2021 a attiré de la part des municipalités, des autorités régionales mais également du côté du Ministère des Affaires sociales fait croire que ce projet de pilotage aboutira à un succès et que d'autres centres de ce type seront créés sur le plan national. L'attractivité que ces CSSSI déjà existants ont apporté à la région de Banská Bystrica (BBSK) est indiscutable. Elle se manifeste autant au niveau social qu'économique parce que la réalisation de ce projet représente une solution à une gestion plus humaine et plus efficace de la silver économie. D'une part, elle permet de maintenir les seniors le plus longtemps possible à leur domicile, où la plupart d'eux souhaitent rester et où ils sont entourés d'un environnement connu et donc naturel. D'autre part, ce projet crée différents postes de travail, à partir des soignants, infirmières, kinésithérapeutes jusqu'aux conducteurs des voitures, livreurs du repas ou femmes de ménage. Pour finir, il est important de souligner que la création des CSSSI est un exemple pertinent de coopération dynamique et fructueuse d'une autorité régionale et d'une université – les deux de la ville de Banská Bystrica et de plusieurs municipalités de la région. Même si cette dernière est loin d'avoir autant de ressources matérielles, financières et humaines que celles que possède par exemple la région de la capitale, ce projet a su mobiliser ses différents acteurs dont les compétences et l'invention ont abouti à la mise en place d'une œuvre dont notre société a un grand besoin.

Liste des références

1. Comité régional de l'Europe (2012). *Stratégie et plan d'action pour vieillir en bonne santé en Europe, 2012-2020.* P. 4. https://www.euro.who.int/__data/assets/pdf_file/0009/175545/RC62wd10Rev1-Fre.pdf, (13. 2. 2022)
2. Commission européenne (2019). *Joint Report on Health Care and Long-Term Care Systems & Fiscal Sustainability.* https://ec.europa.eu/info/sites/default/files/ economy-finance/ip105_en.pdf (12. 2. 2022)
3. Eurostat (2020). *Main polpulation indicators.* https://ec.europa.eu/eurostat/web/main/data/database (17. 2. 2022)
4. Freeman et al. (2017). *Long-Term Care Organization and Financing. International.* In: Encyclopedia of Public Health 7: 469-476. https://doi.org/10.1016/B978-0-12-803678-5.00258-7 (31. 1. 2022)

5. Horehájová et al. (2023). *Dlhodobá integrovaná starostlivosť o seniorov na komunitnej úrovni.* Banská Bystrica: Belianum.
6. Ministère des Finances de la République slovaque (2020). *Vychodiskovà štatistické údaje a podiel obcí na výnose DPFO pre rok 2020.* https://www.google.com/search?client=firefox-b-d&q=Vychodiskove+statisticke+udaje+a+podiel+obci+na+vynose+DPFO+pre+rok+2020. (22. 1. 2022)
7. OECD (2011). *The Organisation for Economic Co-operation and Development. Public Long-term Care Financing Arrangements in OECD countries.* https://outlook.office.com/mail/deeplink?popoutv2=1&version=20211101003.13 (16.2.2022)
5. OMS (2012). Organisation mondiale de la santé. *Stratégie et un plan d'action pour vieillir en bonne santé en Europe (2012 – 2020)* https://www.villesamiesdesaines-rf.fr/images/oms/strategieetPA-2012-2020.pdf (15. 1. 2022)
6. Spasova, S. et al. (2018) *Challenges in long-term care in Europe.* In: Eurohealth, 24 (4), 7 - 12. World Health Organization. Regional Office for Europe. https://apps.who.int/iris/handle/10665/332533 (18.2.2022)
7. WHO (2016). World Health Organization *Global strategy and action plan on ageing and health.* P. 24. https://www.who.int/ageing/WHO-GSAP-2017.pdf (17. 2. 2022)
8. *Loi 447/2008 sur les contributions financières relatives à la compensetion d'un handicap de santé grave.* https://www.slov-lex.sk/pravne-predpisy/SK /ZZ/2008/447/20220101 (2.2.2022).
9. *Loi 448/2008 sur les services sociaux.* https://www.slov-lex.sk/pravne-predpisy/SK/ZZ/2008/447/ (2.2.2022)
10. *Loi 576/2004 sur les soins de santé.* https://www.slov-lex.sk/pravne-predpisy/SK/ZZ/2004/576/ (2.2.2022)

Cet article résulte d'un projet de recherche - projet de pilotage ***Community-based social service centres as a tool of multi-level partnership for providing long-term care in Slovakia***, soutenu et financé par la Commission européenne, VP/2019/003.

Le développement économique par la neutralité carbone

Fabrice BERGEAL
Directeur du Développement Territorial en Limousin EDF Commerce Grand Centre

Quelques réfractaires mis à part, il n'y a plus beaucoup de débats sur le fait que les émissions humaines de gaz à effet de serre, notamment le CO2, sont en lien direct avec le réchauffement climatique. Quand on superpose les courbes entre l'évolution des émissions humaines et les courbes de températures de notre planète, on s'aperçoit qu'elles se ressemblent beaucoup. Atteindre la neutralité carbone est un impératif pour continuer à bien vivre, et à vivre simplement, sur le territoire.

Il existe des solutions à ce tableau. Très en amont de la chaîne, produire de l'énergie de manière décarbonée. La consommation finale, à l'autre bout de la chaîne, peut également être repensée.

Production décarbonée : par essence, les énergies renouvelables sont localement produites. Historiquement, on a en Limousin l'énergie hydroélectrique (barrages, cours d'eau) qui permet de produire beaucoup d'énergie sans carbone. C'est vecteur de beaucoup de valeur (emplois, investissements, accompagnement des territoires dans d'autres sujets que le seul sujet industriel : développement économique, biodiversité, de la part d'EDF) sur le territoire. Plus récemment, énergies renouvelables sur le solaire et l'éolien. EDF n'est pas le seul : nous mettons en place récemment des fermes solaires et un petit parc éolien, forcément avec les collectivités territoriales. Soit parce qu'elles ont le foncier, soit parce qu'elles entrent au capital de la société de projet qui se crée spécifiquement pour construire, exploiter et maintenir cette centrale de production solaire ou éolienne. Ça génère de la valeur pour le territoire. C'est aussi une participation

du citoyen, puisque ces projets se font de plus en plus via le financement participatif.
Une dernière solution est l'hydrogène vert, pas totalement une énergie renouvelable ; on en parle beaucoup ; le gouvernement français va investir 9 milliards d'euros dans le développement de la filière de l'hydrogène décarboné, produit à partir d'énergies sans carbone. Si les territoires se débrouillent bien, ils en tireront forcément un bénéfice. Partout en France où on développe des projets, notamment EDF qui travaille à des systèmes locaux d'hydrogène vert, cela se fait avec les collectivités territoriales, les acteurs économiques du transport, les industriels qui ont besoin de l'hydrogène pour leur production… ça irrigue toute la chaîne locale, privée comme publique, et promet donc beaucoup de valeur. Cette filière est moins mature que les deux autres, mais reste prometteuse.
Nous sommes là pour accompagner les acteurs locaux, publics comme privés, dans l'ensemble des projets de production d'énergie décarbonée. C'est non seulement un moyen d'atteindre la neutralité carbone et donc de bien vivre, mais c'est aussi une source énorme de développement économique pour les territoires, car les projets se font forcément avec eux, qui en tirent un bénéfice.
A l'autre bout de la chaîne, parmi les multiples possibilités, on prendra l'exemple, très actuel, de la mobilité électrique. En 2021, il y aura autant de véhicules électriques ou hybrides immatriculés que les dix dernières années. Un véhicule sur cinq immatriculé en 2021 sera électrique. C'est une bonne nouvelle pour le carbone. Dans tous les schémas, y compris dans ceux où le schéma est plus carboné qu'en France (qui a la chance d'avoir un mix électrique très décarboné), sur l'intégralité de l'empreinte du véhicule électrique (fabrication et consommation finale), le CO2 généré est moins important que dans le cas d'un véhicule thermique. Il y a unanimité sur le sujet.
Voilà qui est bel est bon mais cela doit s'accompagner du développement d'infrastructures de recharge. Même si l'autonomie de ces véhicules ne cesse de s'allonger, ces

infrastructures sont nécessaires et le mouvement de leur construction s'accélère. C'est souvent au niveau départemental ou de l'agglomération que se prennent les décisions, mais elles peuvent également venir d'une entreprise dont les salariés ou les clients sont passés au véhicule électrique. Il en résulte de l'investissement, et donc de la valeur, pour le territoire.

Là encore, en termes de nouveaux métiers et pour faire le lien avec la formation, le développement de l'électricité devrait générer 100 000 emplois. En mobilité électrique, de nouveaux métiers d'exploitation, de supervision des réseaux de bornes apparaissent, de même que de nouveaux services pour que l'utilisateur vive le mieux possible son trajet (on peut réserver sa borne sur une aire d'autoroute). En tant qu'opérateur d'exploitation du réseau, EDF aura besoin de bras et de têtes et se trouvera confronté aux difficultés déjà évoquées de trouver des ressources et des employés à former.

C'est désormais notre objectif de construire un avenir énergétique neutre en CO2, de concilier préservation de la planète, bien-être et développement, grâce à l'électricité, vecteur de neutralité carbone.

Chapitre 2
Politiques de développement économique et mutation des entreprises

Quels sont les enjeux d'un pôle de compétitivité ?

Thomas COLOMBEAU
Directeur Adjoint du pôle de compétitivité ALPHA RLH

Le mot de pôle de compétitivité peut faire peur. On a averti sur le danger de la compétitivité des territoires ce matin. L'objet d'un pôle est d'assurer non pas la mise en concurrence des territoires, mais la compétitivité des entreprises françaises, et ce, en boostant l'innovation. C'est en catalysant l'innovation que nous sommes indirectement des acteurs économiques, parce que nous participons à la gestation d'entreprises innovantes. Nos entreprises, nos laboratoires vont participer à des projets de développement qui déboucheront sur de l'emploi. Mais, stricto sensu, un pôle n'est pas une agence de développement économique. Il est évalué sur ses projets d'innovation et sur sa capacité à lever du financement privé d'innovation. Tout ceci fonctionne : à chaque évaluation, on remarque que des entreprises qui se trouvent dans un pôle sont beaucoup plus dynamiques que celles qui ne le sont pas.

ALPHA RLH est, à l'échelle de la Nouvelle-Aquitaine, deux fois plus étendue que les Pays-Bas. A l'échelle de ce territoire, il faut s'organiser, se préoccuper de tout le territoire ; d'où deux sites majeurs, à Bordeaux et Limoges, ainsi que deux antennes, à La Rochelle et Pau, pour aller à la rencontre de toutes les entreprises et les laboratoires et créer des innovations. Notre métier, en effet, est un métier de terrain.

A titre d'exemple de nos réalisations concrètes, et pour rebondir sur l'exposé de Laurens Zwaan, le programme Naquidis Center travaille dans le domaine quantique de la même manière que Quantum Delta. Il est né du savoir-faire académique lié à l'IOGS (Institut d'Optique Graduate School) à Bordeaux et à Limoges au

sein d'Xlim. Naquidis Center fédère les acteurs de Bordeaux, Limoges et ailleurs autour de grands projets d'innovation dans le domaine du quantique. A Limoges par exemple, la recherche en matière de cryptoquantique, photonie quantique via la réalisation de fibre optique spécifique, est très poussée. Notre rôle est de fédérer l'action, de monter de grands projets et d'en trouver le financement.
Un pôle s'adapte aussi à son environnement, à son évolution. Je constate qu'on aurait pu anticiper l'impact de la crise Covid. Actuellement, certains chefs d'entreprise n'hésitent plus à créer leur entreprise en-dehors des grandes métropoles, alors qu'ils y étaient beaucoup plus réticents auparavant. Se mettre au vert est une volonté née pendant les confinements et qui perdure aujourd'hui. En ex-Limousin, nous avons, via Dorsal, une bonne desserte du territoire en fibre et en très haut débit, ce qui répond aux volontés de création d'entreprises. Notre rôle est d'accompagner les créateurs d'entreprises.

La nécessité des filières d'entreprises

Alexis MONS
Président d'ALIPTIC, réseau des entreprises du numérique en Limousin

Je vous invite à réfléchir sur la notion de coopétition, qui lie à la fois coopération et compétition.

On parle de « filières » au sens d'entreprises qui partagent un même domaine. Les entrepreneurs ont besoin de se retrouver entre eux, pour savoir qu'ils ne sont pas seuls et partager leurs préoccupations. Aliptic fédère celles qui se reconnaissent dans les métiers du numérique. Nous essayons d'adresser en commun les plus grands problèmes, dont le premier est actuellement l'emploi. Le premier niveau du réseau est donc d'adresser les problèmes que nous partageons. Rapidement, nous nous retrouvons à en discuter avec les pouvoirs publics et les collectivités locales. Ce n'est pas forcément évident, parce qu'il faudrait partager des stratégies communes. Je plaide pour un paritarisme entre le secteur économique et les collectivités locales, pour avoir un même cap. Quand un politique est élu, c'est sur ses ambitions, et nous avons bien soulevé tout à l'heure qu'il était important de savoir ce que veut la population.

Aliptic est né, il y a plus de dix ans, de la volonté de chefs d'entreprises dans le domaine du numérique d'entrer en rapport de forces avec la région de l'époque, car ils n'étaient pas d'accord avec la ligne de la politique régionale. On peut dire que les chefs d'entreprises ont alors joué un rôle syndical.

Les réseaux, une fois constitués, commencent à avoir des ambitions et des projets, et cette volonté entre parfois en

contradiction avec la vision très verticale de la politique et de l'administration.
Une difficulté propre à la région Nouvelle-Aquitaine est son territoire particulièrement vaste ; il y a des réseaux partout. Nous avons refusé, au niveau régional, de procéder à une sorte de fusion, justement pour garder cet ancrage territorial et la possibilité de garder contact avec les plus petits, les plus fragiles. Le plus important est l'ambition commune. Je préfère les nébuleuses peu organisées ; à Limoges par exemple, nous avons une French tech composée de 80 *start-ups*, mais ce n'est pas une association : un directoire bénévole, des gens qui se réunissent périodiquement pour discuter de stratégie, des opérateurs, mais nous n'avons pas fabriqué d'administration. C'est un projet, il démarre et doit finir, mourra peut-être… J'aime l'idée d'un flux de projets, au lieu d'une grande opération trop structurée qui doit justifier de sa propre existence et finit par coûter très cher. C'est la diversité et le dynamisme des projets qui sont importants, et, dans cette optique, je trouve qu'il n'y a pas assez de projets. Arroser tout le terrain, et voir ce qui pousse, est une bonne idée.
Ce qui nous amène à la question des *start-ups* et de l'innovation : sur le principe, l'opinion est toujours contre. On déteste le changement. Il ne faut pas partir de l'idée que l'innovation est quelque chose de génial que tout le monde va adopter. Tous les projets que je connais se sont heurtés à des oppositions. Mais les start-ups, aujourd'hui, sont quasiment une économie en tant que telle. Le *start-upper* et la *start-up* sont une sorte de minerai, de plante que l'on cultive et que l'on sélectionne. Il y a des dispositifs pour les susciter, les incuber, les trier, les sélectionner, les financer, voire les recycler. C'est un flux et c'est ainsi qu'il faut le comprendre et l'adresser.
Que demander à Alain Rousset ? Aujourd'hui, nous parlons beaucoup de transition climatique. Pourtant, pas un mot n'a été dit à ce sujet à l'issue d'une récente journée de *workshop*. On n'a parlé que d'emploi. On peut faire tout le développement économique de la terre, il n'en demeure pas moins que la main-d'œuvre et sa formation restent le carburant essentiel. Dans le

domaine du numérique, recruter une main-d'œuvre qualifiée, créer de l'attractivité sur des secteurs méconnus, est très difficile. Nous avons donc décidé de prendre les choses en main et de recruter notre propre main-d'œuvre. Nous avons « mis en sous-traitance » l'enseignement supérieur pour fabriquer nos propres profils, parce que former des jeunes (on ne peut pas se passer de la jeunesse, particulièrement dans ce secteur) est indispensable.
Un exemple de la difficulté de la situation : la Région Rhône-Alpes est confrontée à la fuite des employés vers la Suisse, payés au salaire suisse mais en télétravail depuis la France. Le recruteur français, forcément, a du mal à suivre. On voit de tels phénomènes transfrontaliers ailleurs en Europe, comme l'a montré tout à l'heure l'exemple de la Slovaquie.
Pour synthétiser, si les entreprises ne se constituent pas en filières, elles auront du mal à être accompagnées. Dès lors qu'elles sont constituées en filières, elles ont des projets qui ne doivent pas être dénigrés mais faire l'objet d'un dialogue. Dans une telle dynamique, le flux et le renouvellement sont importants.

Partie 4
Les politiques publiques économiques face aux crises : rechercher la résilience dans un contexte de transition

Résilience et développement économique : quelle conciliation ?

Magali TALANDIER
Professeur en urbanisme et aménagement du territoire
Université Grenoble Alpes, UMR PACTE, Grenoble – France,
Institut Universitaire de France (IUF)

Faire face aux crises, rechercher la résilience plutôt que la croissance et le développement dans un contexte de transition.

Première remarque : ces termes sont peut-être moins opposés, plus imbriqués, que ce que l'on imagine.

Après avoir interrogé la compétitivité et le rôle de l'État dans les premiers temps de ce colloque, le moment est venu de nous pencher sur le concept de résilience. Résilience : un terme dont on a entendu beaucoup parler depuis le début de la pandémie. Il est relativement ancien en sciences mais beaucoup plus récent en économie, puisque les économistes ne s'étaient pas intéressés à la résilience avant la crise de 2008, date à laquelle le terme apparaît dans la littérature économique.

Avant la crise de 2008, on ne se posait donc pas la question d'un changement de modèle. La résilience implique en effet l'idée que pour faire face aux crises, il faut repenser, reconsidérer, ces modèles ; changer de trajectoire et de méthodologie. Parler de résilience, c'est remettre en question nos modèles sous-jacents.

Que peut-on mettre derrière le terme de résilience ? Quels sont ses effets sur les politiques publiques ?

Beaucoup de critiques s'élèvent contre le concept de résilience, que l'on considère comme proposant un retour en arrière après la crise. Il faut laisser cet a priori de côté. Il ne s'agit pas d'un retour en arrière, mais d'un bond en avant pour aller vers des modèles intégrant de manière plus poussée le contexte de transition.
La résilience, c'est la capacité d'un système à faire face aux chocs passés, présents et futurs. Les territoires sont par définition des systèmes complexes de flux, d'acteurs, qui sont reliés. Parler de résilience économique implique de travailler à des échelles de territoires imbriqués. Il ne faut donc pas chercher quel sera le territoire le plus compétitif, le plus résilient, demain, mais comprendre comment faire travailler les territoires ensemble, car ce n'est que dans cette interterritorialité (métropoles avec périphéries, petites villes avec campagnes, métropoles avec villes moyennes, métropoles entre elles…) que l'on a des solutions concrètes et des opportunités d'engager un vrai changement de modèle économique.
L'autre partie de la définition, ce sont les chocs passés, présents et à venir : la temporalité est donc importante, mais il n'y a pas de fatalité. Si l'on a pu faire face à une crise passée, on peut se reconstruire et s'ouvrir vers l'avenir. Les territoires industriels, souvent en crise, ont souvent su se reconstruire, par exemple.
Enfin, la résilience renvoie à trois chemins possibles d'adaptation : une adaptation de nos modèles (on ne va pas faire la grande révolution sur tout ; une partie du modèle peut être gardée, une autre doit simplement être réorientée, par exemple pour être plus en phase avec les exigences de la transition écologique), mais il y a aussi des chemins de résilience plus exigeants, une transition plus radicale et plus profonde, puisqu'une partie de nos problèmes est liée à ce que sont nos modèles actuels.
Résilience ne s'oppose donc pas à croissance et développement, mais elle peut nous sortir de l'enfermement dans les enjeux de compétitivité. Si on fait une politique de résilience économique, on sortira peut-être de l'injonction de compétitivité et on prendra

le temps d'analyser la soutenabilité des modèles actuels, leur empreinte environnementale, leurs dépendances matérielles.
En d'autres termes, le registre de la compétitivité nous propulse dans le monde globalisé, pour produire des biens et services pour le reste du monde, exporter, attirer les talents, et se situer au mieux dans une économie de plus en plus globalisée.
La pandémie nous a montré les limites de ce modèle, que l'on connaissait, mais nous avons été en 2020 durement confrontés à cette réalité. Cette propulsion vers la crise de la globalisation amène les pouvoirs publics (État, local et Europe) à repenser notre façon de faire. Relocalisation industrielle, nouveaux modèles économiques circulaires ou collaboratifs… les choses bougent, les entreprises sont au rendez-vous de la transition écologique, et il faut accompagner ce changement.
Si ce n'est plus tant la compétitivité l'objectif premier mais la résilience (c'est-à-dire la capacité de surmonter la crise d'aujourd'hui, effacer la crise d'hier et prévenir la crise de demain), alors il faut chausser de nouvelles lunettes. Nous avons pensé nos développements économiques par le haut de façon très élitiste, en concentrant énormément d'actions et d'attention sur une économie exportatrice, à haute valeur ajoutée. On sait le faire, ne quittons pas cette idée, mais n'en faisons plus notre unique domaine d'action. Les effets d'entraînement au niveau territorial des secteurs exportateurs sur l'ensemble de la société locale, aujourd'hui n'est ni évident, ni systématique. Ce n'est pas parce qu'on a un territoire innovant, compétitif, avec des entreprises faites pour que le territoire se développe, qu'on va observer le développement, au sens de l'amélioration des conditions de vie des habitants, de ce territoire.
On doit repenser le développement par la base. Par exemple, si on prête une attention réelle à ce que j'appelle l'économie métropolitaine ordinaire, activités qui rendent des services simples aux entreprises du territoire, on est forcément amené à changer d'objectifs de développement économique.
Cette économie ordinaire existe, mais est un impensé des politiques publiques en termes de développement économique :

entreprises de nettoyage tournées vers le secteur industriel, sécurité, réparateurs informatiques, BTP, transport, logistique, ingénierie, études… Il y a des secteurs que l'on connaît : les termes d'économie de support, de péri-production, ont qualifié cette économie ordinaire. Pourtant, bien qu'on la connaisse par ces termes, on la soutient peu dans les territoires. Or, ces entreprises ont besoin d'accompagnement pour passer le cap de la transition écologique.

Regardant de façon statistique et objective ce que pèsent ces TPE et PME, on se rend compte que, quoique grandes oubliées des politiques publiques, elles assurent 40% de l'emploi local. Les salariés sont parfois peu qualifiés, parfois très précaires ; des travailleurs très mobiles, itinérants, entraînant donc des défis spécifiques en termes de mobilité. Il y a donc un réel besoin d'urbanisme, de politique économique, aussi sur ce type d'activité ordinaire.

L'idée n'est pas d'abandonner l'innovation et le hors norme pour se concentrer sur ces populations, mais de faire les deux : raccrocher l'extraordinaire et l'ordinaire, et arriver, en conséquence, à gagner en résilience.

Enfin, pour la suite, si l'on pense à une relocalisation industrielle, à de nouveaux modèles économiques (économie circulaire qui a vocation à se développer), on aura besoin de ces services. Bien souvent, dans les politiques de transition écologique, les premiers touchés sont ces activités de service simple, et ce sans contrepartie. Exemple : Zones franches d'émissions, les premiers concernés, qui auront du mal à changer leurs émissions, leurs véhicules, etc., sont les acteurs de ce type d'économie. Ce sont eux aussi qui seront impactés en premier chef par la démarche ZAN (Zéro Artificialisation Nette) qui constitue notre prochain horizon.

Il y a donc un vrai besoin de changer de vision.

Un témoignage pour prouver que ce changement est possible : à Bordeaux, cette semaine, à l'invitation d'un organisme d'aménagement pour la métropole, on a travaillé avec des aménageurs et des architectes pour savoir comment rendre service à ces entreprises qui rendent service aux autres et pour lesquelles on ne fait pas beaucoup. On a donc imaginé des dispositifs, des formes nouvelles d'aménagement et d'accompagnement, pour rendre la vie des travailleurs et des chefs d'entreprise plus facile. La grande part qu'ils jouent dans l'emploi local fait d'eux un organisme structurant pour l'économie locale.

Agriculture et développement économique

Luc SERVANT
Président de la Chambre régionale d'agriculture de Nouvelle-Aquitaine

Je vais aborder un secteur d'activité qui n'a pas encore été évoqué depuis ce matin.
On a l'habitude de dire que l'agriculture est un secteur souvent en crise. Le ministre le rappelait hier en session de chambre d'agriculture : quand il est arrivé au ministère, on lui a dit qu'il arrivait au ministère des crises. De fait, de nombreuses situations rendent la production agricole complexe : le climat, au premier chef ; les crises économiques (les prix mondiaux sont fluctuants, avec une loi particulière pour les produits alimentaires qui fait que les prix chutent très vite dès qu'il y en a suffisamment, et montent très vite quand il en manque un peu) ; les crises sanitaires, de plus en plus fréquentes selon nos modes de consommation et de production (la grippe aviaire, arrivée d'autres pays ; la peste porcine ; la chrysomèle du maïs… tous les ans, cinq ou six ravageurs arrivent sur nos terres). Les crises alimentaires peuvent avoir un impact sur la politique agricole. On a aujourd'hui un prix des céréales en très forte hausse, ce qui impactera l'accès à la nourriture de certaines populations et d'autres pays proches de nous. Les printemps arabes sont issus de la flambée des prix du blé en 2012 (300 euros la tonne). Après une période basse, on a dépassé les 300 euros la tonne aujourd'hui. Quels sont les impacts à moyen terme ? On ne le sait pas encore.
Hors de ces crises, la volonté de maintenir une agriculture forte est indispensable. Quand on a confiné la population au printemps 2020, la question s'est très vite posée de la poursuite de l'activité agricole. Les consommateurs se sont posés beaucoup de

questions sur l'origine des productions, la souveraineté alimentaire, la production locale, l'importance de ne pas être dépendants de productions très lointaines…

Aujourd'hui, les politiques agricoles se renforcent, mais elles sont multiples. Au niveau européen, la PAC, assez ancienne, laisse les frontières ouvertes puisqu'on est en contexte de marchés mondiaux. Mon blé est au prix du blé ukrainien, mon colza est au prix du pétrole, le prix de la protéine est le prix du soja au Brésil, où l'on pratique une déforestation intense, et ainsi de suite. La politique européenne est donc présente, mais ne fait pas tout. Jouent aussi les politiques nationales, mais aussi régionales, départementales et même communales. Beaucoup de secteurs territoriaux jouent en ce domaine.

La volonté de la Chambre d'agriculture est d'accompagner les agriculteurs dans ces politiques. La loi d'avenir pour l'agriculture de 2015 renforce leur rôle dans ce domaine. Elles doivent contribuer à l'amélioration de la performance économique, sociale et environnementale des exploitations agricoles et des filières, en accompagnant dans les territoires les démarches entrepreneuriales des responsables et des agriculteurs, et contribuer à l'évolution, à la transition et au développement durable des territoires ruraux et des entreprises agricoles.

Il y a une dizaine d'années, la Chambre d'agriculture ajoute le terme de « territoires » à son nom.

Le contexte actuel change très fort et très vite, dans plusieurs domaines :

- Le contexte politique, puisque l'agriculture est fortement gérée par des politiques publiques et des fonds publics. L'organisation des collectivités, les attentes des politiques en matière agricole, changent également.
- Le contexte économique : il est de plus en plus difficile de trouver des salariés dans l'agriculture, l'industrialisation est de plus en plus importante, en France mais plus encore à l'étranger où se développent de grandes exploitations. Pourtant, une demande locale se fait de plus en plus pressante, mais les consommateurs ne sont pas toujours prêts à mettre les moyens

nécessaires, parce qu'on leur promet des prix bas. Les politiques s'organisent, depuis cinquante ans, se mobilisent pour faire toujours plus baisser les prix. Il en résulte une baisse du nombre d'agriculteurs, une perte d'une certaine production…

- Des questions environnementales, dans une société qui a des demandes de plus en plus fortes en ce domaine depuis une vingtaine d'années. L'agriculture est fortement interpellée sur ses conditions de production, et le consommateur et le citoyen ont des demandes affirmées sur la qualité des produits et l'impact de la production sur les territoires.
- Une explosion de la règlementation, du nombre de textes et de lois, qui fait que les interlocuteurs ne sont pas toujours bien identifiés.
- Un changement récent est le rôle que le citoyen et la société veulent jouer dans une politique agricole, une politique de territoires. Parler d'une politique agricole, même locale (un projet d'élevage par exemple), c'est susciter la volonté du citoyen d'en savoir plus. Les attentes sont parfois contradictoires : la société veut des produits peu chers, mais locaux et de qualité ; de l'environnement mais des territoires aménagés. Il est nécessaire de trouver des lieux de discussions pour définir ce que l'on veut.
- Le changement climatique, qui rencontre les questions de transition et de résilience. Il s'accélère encore plus que ce que l'on craint. Le monde agricole est une des premières activités à subir le changement climatique : sécheresses, aléas climatiques, violents épisodes pluvieux, gelées tardives… les accidents climatiques sont de plus en plus forts et ne cesseront de s'amplifier. L'agriculture devra évoluer et s'adapter à tous ces changements, le changement climatique au premier chef. Ce changement ne sera pas lent et doux, mais brutal.

La transition devra être forte. On parle de transition globale, pour répondre à tous les défis que l'on vient de lister. Questions de qualité de l'eau, du carbone… Cette transition ne peut pourtant se faire que sur le temps long, puisque nous dépendons du cycle de vie de la plante et de l'animal. Il faut des années pour développer un nouveau modèle quand on se rend compte que l'ancien n'est pas viable, le temps de former un modèle, de le diffuser sur les territoires et de surmonter les inévitables accidents climatiques et épidémiques qui frappent une production.

Il nous faut du temps, de nouveaux outils et de l'innovation, dont on attend beaucoup pour trouver de quoi rendre l'agriculture plus résiliente et moins sensible. Les collectivités nous accompagnent : le conseil régional a développé sa feuille de route Néo Terra il y a deux ans, avec des engagements marqués et des attentes vis-à-vis de l'agriculture. Nous avons aussi toutes les politiques nationales à tous les niveaux. Beaucoup d'acteurs interviennent.

Les questions de société, qui interrogent le lien entre le citoyen et le territoire, touchent aussi l'agriculture. La question de l'eau est un sujet fort pour l'agriculture comme pour beaucoup de secteurs d'activité. Le changement climatique touche beaucoup cette ressource. Pourtant, l'eau est aujourd'hui perçue comme un facteur de résilience et de changement de l'agriculture : elle apporterait plus de diversité de production, l'assurance de la production… Comment gérer l'eau dans ce contexte mouvant ? C'est un sujet conflictuel qu'il faut aborder de manière sereine. On parle de projet de territoire de gestion de l'eau. Même si de tels projets se mettent en place, cela ne va pas sans conflits, et il est primordial de trouver des solutions. Le rôle de la science est décisif dans ce domaine.

La question des nouveaux débouchés pour l'agriculture rejoint là aussi la question de la résilience, en lui apportant une nouvelle valeur ajoutée. Il y aurait là un vrai atout économique, l'agriculture étant depuis plusieurs années une profession à revenus faibles. On pourrait ainsi jouer dans le domaine des énergies renouvelables. L'agriculture a sans doute un rôle à produire des énergies renouvelables, mais sans faire de concurrence à la production alimentaire. La même question se pose pour les protéines, dont l'Europe est déficitaire alors qu'on peut les produire chez nous. Dans le domaine du changement climatique enfin, l'agriculture peut restocker du carbone, et doit

le faire, puisqu'éviter de rejeter du gaz carbonique dans l'air limite le réchauffement atmosphérique. Ces nouveaux débouchés apporteraient de la valeur ajoutée.
Forêts, zones humides et zones agricoles sont les endroits dont une gestion particulière peut permettre de stocker du carbone. Lorsque les territoires mettent en place leur plan d'action climatique et de réduction des émissions de gaz carbonique, il est important qu'ils prennent en compte l'activité agricole.
Le dernier sujet, et le plus important, est la production de biens alimentaires. Le consommateur, plus sensible aujourd'hui à la provenance des produits, redécouvre les producteurs près de chez lui ; cela permet de renouer le dialogue entre citoyen et consommateur, et créera davantage de résilience entre les risques de production alimentaire quand la production est lointaine et le consommateur qui veut avoir plus d'assurance.
Voilà pour les enjeux actuels. Au niveau des Chambres d'agriculture, nous voulons accompagner les agriculteurs, et les échelles territoriales sur lesquelles on peut travailler sont très diverses : le département, la région, le bassin hydrographique, la commune… Les aléas climatiques (orages, grêle…), en outre, concernent des zones très variables et qui ne correspondent évidemment pas aux limites administratives. Cette volonté de bâtir des projets de territoire permettra, on l'espère, de redéfinir des modes de projet, pour définir ce que l'on veut comme agriculture dans un territoire. Veut-on du local, de l'autosuffisance, de l'exportation ? De beaux projets sont à venir, et les Chambres d'agriculture et le monde agricole, qui se sent parfois perdu, souhaitent y être associés.

Résilience, développement économique et culture

Stella KYVELOU
Professor in Spatial Planning and Sustainable Development,
Panteion University of Social and Political Sciences

Comme l'a fait Mme Talandier, je souhaite parler de la résilience. C'est le type de complexité que Jane Jacobs considérait comme nécessaire, et qui se développe très rapidement au cours des dernières années, dans les domaines de la cybernétique, de l'écologie, de la théorie des systèmes... Elle émerge dans un groupe de théories connues sous le nom de théorie de systèmes adaptatifs complexes (complex adaptive systems en anglais), et comme réflexion sur la résilience, *resilience thinking.* Il y a un *resilience thinking,* une réflexion sur les systèmes adaptatifs complexes.

Un système adaptatif complexe se définit comme un système dont les parties sont à la fois interdépendantes et indépendantes. Les variables s'adaptent les unes aux autres de manière imprévisible. Toutes les villes, en ce sens, sont des systèmes adaptatifs complexes : elles sont à la fois organisées et auto-organisées.

La résilience est définie comme la capacité d'un système à s'adapter aux changements sans franchir le seuil d'un nouveau régime ou d'une nouvelle identité. Ce n'est pas la capacité de se maintenir et de revenir à un seul état stable, mais plutôt une capacité dynamique à se déplacer entre une gamme d'état adaptatif sans franchir le point de non-retour.

Les villes et les territoires représentent des « systèmes socio-écologiques dynamiques complexes ». Selon Davoudi[132], de tels système socio-écologiques sont des assemblages organisés d'humains et de formes de vie non humaines constitués de systèmes bio-géo-physiques et sociaux, ces derniers impliquant des inter-relations complexes d'ordre économique, culturel, institutionnel et politique. Ils se sont développés en raison de processus naturels en interaction continue avec les pressions sociales et économiques, et sont des sources majeures de capital naturel et de biodiversité ; ils fournissent également, ce qui est important pour la résilience, une série de services écosystémiques, y compris culturels, tout aussi importants pour la qualité de vie.
Davoudi introduit ainsi ce terme de « résilience évolutive », comme étant plus approprié pour décrire la nature et les processus au sein des villes et des territoires.
Cette résilience évolutive reconnaît trois qualités des écosystèmes urbains et territoriaux : complexité, non-linéarité, et auto-organisation. Dans cette perspective, la résilience des systèmes urbains et territoriaux n'est pas seulement leur capacité à revenir à leur état normal ou antérieur, mais plutôt à changer, s'adapter et se transformer en réponse aux tensions et aux stress divers.
Les mots-clés de ce concept : préparation (*prepardness*), transformation (*transformness*), adaptabilité (*adaptability*), transformabilité (*transformability*) du système.

Je choisis la question de la culture pour illustrer ce propos.
La culture et le patrimoine culturel sont des éléments très importants pour la résilience. La conservation de ce capital culturel est essentielle, tant pour sa valeur intrinsèque que pour son potentiel d'investissement à partir duquel le développement

---

132 S. Davoudi et al., Resilience: a bridging concept or a dead end? Planning theory & practice, Vol. 13, No.2, Taylor & Francis, pp.299-333.

futur culturel, social et économique peut être généré. En essayant de lier patrimoine culturel et résilience, on peut dire que la valeur du patrimoine culturel pour rendre les villes et établissements humains ouverts à tous, résilients et durables, fait partie de l'agenda 2030 des Nations-Unies, mais aussi de la nouvelle politique internationale de réduction des risques de catastrophes 2015-2030. Cependant, le rôle de la culture et du patrimoine pour ce défi n'a pas encore été assez traité par la communauté scientifique.

Dans le sens de la résilience exploré par Davoudi, selon lequel les communautés ne reviennent pas à leur état initial mais évoluent, la culture et le patrimoine culturel peuvent être la clé de l'engagement citoyen ainsi que de l'engagement en matière sociale, environnementale, économique.

L'impact de la pandémie Covid-19 sur le monde du patrimoine culturel est grave, et toutes les chaînes de valeur patrimoniales sont concernées : conservation, protection des sites…

Pourtant, et c'est là un des effets positifs de cet épisode, une nouvelle catégorie de patrimoine gagne en ampleur et en visibilité : le patrimoine numérique, qu'il soit numérisé ou nativement numérique. Il devient une troisième catégorie de patrimoine, après les patrimoines culturels matériels et immatériels.

Le patrimoine culturel est un bien territorial, qui fait partie du capital territorial d'une ville ou d'une région (on n'a pas beaucoup parlé de capital territorial, ni de cohésion territoriale, au cours de nos réflexions).

Il y a par ailleurs trois approches différentes pour la gestion du patrimoine : *material-based approach, value-based approach* et *living monument heritage approach.*

Autre fait important : notre compréhension de la conservation évolue. Avant les années 1960, on percevait la nature pour elle-même : les humains étaient considérés comme séparés de l'environnement, avec des zones de nature sauvage enfermées dans des réserves. Dans la double décennie suivante, on passe à la nature malgré les humains (éviter l'extinction et la perte d'espèces), et à la nature pour les humains (la valeur des services écosystémiques est alors reconnue et explorée). Et puis l'accent n'est plus mis sur les réserves isolées dans un paysage, mais nous reconnaissons la nécessité de créer un paysage partagé entre les humains et la nature, en mettant fortement l'accent sur le maintien des processus écologiques, l'adaptabilité, et la résilience de ces systèmes socio-écologiques.

Après ces remarques, on arrive à une approche holistique du patrimoine culturel et naturel.

Le capital naturel englobe les ressources naturelles, les écosystèmes terrestres et marins, et est essentiel pour fournir des services écosystémiques, y compris les services culturels qui sous-tendent notre économie. Il y a, en ce moment, plusieurs stratégies de reconnexion du patrimoine culturel et naturel. Cette dichotomie de la pensée est tout à fait occidentale (on ne la trouve pas dans les civilisations orientales en règle générale), ce qui est actuellement réorientée, le patrimoine se trouve redéfini (Kyvelou & Chiotinis, 2021[133]).

Dernièrement, il y a eu un changement de discours sur le patrimoine, et on glisse de la conservation à la valeur, ce qui signifie la reconnaissance de la valeur du patrimoine, culturel comme matériel, pour diverses sphères de la vie et pour le bien-être.

Reconnexion donc entre nature et culture, et l'on passe à la planification sociale et écologique, puisque les villes et les territoires sont des systèmes socio-écologiques. La planification socio-écologique est un discours émergent dans le territoire urbain durable. Il suppose que les villes et les territoires sont des systèmes adaptatifs complexes, où les principes de résilience sont une boîte à outils prometteuse pour améliorer la planification.

---

[133] Kyvelou et Chiotinis (2021), Reconnecting Natural and Cultural Capital: Historical Viewpoints and Emerging Planning Strategies in the Marine Space, Mo.Na International Conference Proceddings, Athens, July, 7-9, 2021.

Quelques études de cas, pour ne pas parler d'Athènes, qui lance un grand programme de résilience. Choisissons plutôt des cas plus modestes. Un ancien village traditionnel de montagne, le village d'Arkochori, sur le mont Vermio. Stratégie de développement résiliente pour le village, avec comme vision de réinventer la nature de l'établissement, en mettant l'accent sur la préservation et l'amélioration de son caractère traditionnel, et en visant la résilience économique, sociale et environnementale. L'objectif est quadruple : établir un système d'entreprises, introduire la diversité et la redondance des activités économiques, protéger et valoriser le patrimoine bâti traditionnel et promouvoir le renforcement communautaire.
La résilience évolutive de Davoudi offre un cadre nouveau et probablement plus approprié pour décrire la nature et le processus des agglomérations en raison de leur qualité complexe, non linéaire et auto organisatrice. La stratégie territoriale pour parvenir à un développement résilient à Arkochori s'inspire de sa structure organisationnelle communale unique, et s'appuie sur des modèles culturels en ajoutant de nouveaux éléments qui la font évoluer.
Deuxième étude de cas : la région de Thessalie, qui intègre le patrimoine culturel, sous-marin, dans la planification maritime spatiale. Elle allie conservation et résilience grâce à une croissance durable. Quels sont les effets et les risques en ce moment ? Nous vivons dans l'ère de l'économie bleue. L'environnement marin se transforme peu à peu en lieu d'opportunités et en espace attractif pour les investissements de la part d'une série d'acteurs, traditionnels comme émergents. Mais il peut aussi en résulter des risques pour le patrimoine, en particulier le patrimoine subaquatique. La conservation des épaves, en particulier est de plus en plus complexe. Dans cette aire marine protégée, le tourisme et le parc ancien se croisent.
Pour les territoires ruraux, deux projets sont à mentionner : le projet Interreg MOMAr (Models of management of singular rural heritage) et le projet horizon 2020 (H2020) RURITAGE. Au sein du Ruritage, le Géoparc Psiloritis dans l'île de Crète, qui

est un laboratoire vivant pour l'étude du débat entre patrimoine naturel et patrimoine culturel. Une visite en ligne est possible.
On arrive à la planification territoriale et maritime pour la résilience dans un monde incertain. Le rôle de l'aménageur, dans ce monde incertain, complexe et en mutation, change. Il vaut mieux être gestionnaire de changements, gestionnaire de transition et de résilience, et surtout entrepreneur social. Il doit surtout soutenir et guider les différentes parties prenantes pour qu'elles trouvent leur place dans le processus de planification. Alors que notre métier évolue, nous disposons de l'arsenal nécessaire : le *Green Deal* européen qui vise à améliorer le bien-être et rend l'Europe climatiquement neutre, la nouvelle stratégie de biodiversité à l'horizon 2030 et tant d'autres.
Mais surtout nous sommes actuellement à l'aube d'un changement de paradigme majeur à l'heure du développement économique et social, avec le capital territorial et le patrimoine comme ressources cruciales pour soutenir une croissance durable et équitable. Les biens du patrimoine peuvent être de nouveaux modèles de régénération et de renforcement de la résilience des communautés pour une affirmation de l'identité culturelle et de la cohésion sociale et territoriale pour des communautés locales fragmentées et individualisées. Il faut passer au plus vite d'une « économie de survie » à une économie de la vie, pour reprendre la formule de Jacques Attali ; cette économie regroupe tous les secteurs dont la mission est la défense de la vie et dont l'importance vitale est constatée chaque jour de manière très pragmatique, telle que la santé, la gestion des déchets, la distribution de l'eau, l'alimentation, l'agriculture, l'énergie propre, le logement, l'économie numérique, l'assurance, l'éducation et surtout la culture. Il faut fortement mettre l'accent sur la culture dans une perspective de résilience évolutive et de reconnexion du culturel avec le naturel.

Synthèse

Repenser la décentralisation à l'aune du développement économique des territoires

Hélène PAULIAT
Professeur de droit public (OMIJ-Limoges)

Je souhaite vous faire part de quelques mots de conclusion et de synthèse sur l'ensemble des débats aujourd'hui, qui ont abordé un certain nombre de questions fondamentales. Nous sommes en effet partis de plusieurs interrogations sur le territoire et le développement économique pour finir en remettant en cause un certain nombre de modèles, la plupart du temps européens.

La discussion menée aujourd'hui était d'autant plus importante que nous fêterons en 2022 les quarante ans des premières lois de décentralisation françaises, comme on l'a rappelé à plusieurs reprises. A l'écoute des communications d'aujourd'hui, il paraît pertinent de se demander si nous ne nous sommes pas fourvoyés, durant ces quarante ans de décentralisation, et s'il ne fallait pas penser celle-ci autrement.

Pourquoi la décentralisation devrait-elle être pensée autrement ? Tous les intervenants ont fait le constat de normes très nombreuses et contradictoires, qui empêchent la construction de véritables stratégies, tant politiques qu'économiques, sociales, territoriales, et autres. On a beaucoup parlé aussi de la place du citoyen, avec parfois une certaine ambiguïté. Le citoyen, a-t-on dit, veut intervenir. Mais il convient de définir sa place. Le citoyen ne prend pas toujours possession des différents espaces publics qui lui sont proposés ; en outre, quand il en prend possession, il n'est pas question pour lui de se substituer aux politiques. Chacun doit garder sa place, et les responsabilités ne sont pas les mêmes. Le citoyen ne peut, bien souvent, pas décider ; mais il peut participer à la discussion, donner son avis, participer à la construction de projets ; on reviendra sur ce point. Enfin, on a beaucoup parlé des crises. La difficulté actuelle des politiques publiques françaises et des projets est une tendance à vouloir se rassurer, et ce par différents mécanismes : les normes, bien sûr, dont nous sommes de grands producteurs, mais surtout les divers plans et schémas dont les dernières lois nous ont abreuvés. On se projette ainsi à échéance plus ou moins longue (cinq, dix, voire trente ans !), sous peine de subir de plein fouet une crise que l'on a eu bien du mal à prévoir et à intégrer aux plans. La capacité de réaction des collectivités, dans ce cas, ne saurait être immédiate. Face aux incertitudes, la réaction doit être rapide ; les schémas que l'on construit peuvent donner des orientations, mais non des réponses immédiates.

Deux éléments semblent avoir plus particulièrement marqué cette journée de débats : d'une part, la nécessité de repenser le territoire, et d'autre part la volonté de construire un territoire.

I. La nécessité de repenser le territoire

D'après les arguments avancés, il semble que nous sommes amenés à revoir et à remettre en question l'idée même et le processus de décentralisation, en France mais aussi dans les autres pays de l'Union européenne. Les mécanismes mis en place paraissent avoir interrogé l'action même du territoire, en ce sens que ces mécanismes, aussi bien au niveau des États que de l'UE, ont orienté un certain nombre d'actions et donc posent effectivement question dans cette définition de stratégie territoriale.

A. La décentralisation, une idée à réinterroger

Voilà quarante ans que l'on nous parle du découpage territorial ; du transfert de compétences de l'État vers un certain nombre de collectivités territoriales ; des régions, des départements, des communes, intercommunalités et syndicats mixtes. Cette idée s'axe sur une logique de bloc de compétences, que l'on accorde à la commune, au département, etc. Certains d'entre nous ont remis en question cette approche du territoire, une approche en silo, comme on peut appeler cette superposition de structures sur un même territoire. Cette approche pose en effet des problèmes en termes d'adaptation, de réflexion, de stratégie par rapport à un territoire, et même d'efficacité. La sectorisation que nous avons tous pointée du doigt conduit à un enchevêtrement de situations, avec des compétences croisées, voire concurrentes entre plusieurs niveaux, ce qui induit une concurrence réelle entre territoires, une complexité qui laisse le citoyen à l'écart des politiques actuelles, mais aussi, puisqu'on a mis en place une évaluation des politiques publiques assez conséquente, à une évaluation sectorielle de ces actions et politiques, empêchant une approche globale et intégrée du territoire.

Il en résulte également une gouvernance à multi-niveaux, qui n'est pas toujours claire pour le citoyen ; et avec, sous-jacente, une sorte de priorité régionale qui n'a sans doute pas tout entre les mains. Plusieurs d'entre vous ont justement pointé que la région n'a pas toujours les moyens de faire collaborer les structures infra-régionales, faute d'outils et de possibilités nécessaires.

A cette logique de silos, de blocs de compétences qui paraît largement inadaptée, il faudrait substituer, et vous l'avez tous largement évoqué, une approche dite globalisante du territoire, avec la construction d'un projet de territoire, d'une ambition, qui permettrait de placer le citoyen au cœur du dispositif, de s'interroger sur les services publics dont il a besoin. Il est donc nécessaire de changer le concept même de politique territoriale, ce qui amène à une modification de l'approche, puisqu'on partirait des compétences locales, de la formation offerte par le territoire, de cet agglomérat d'éléments pour arriver au développement ou à l'arrivée de nouvelles entreprises sur ce territoire. On inverserait donc la logique : au lieu d'attendre que les entreprises s'installent pour organiser la main-d'œuvre, le recrutement et la formation, on partirait d'une compétence,

ressource, formation ou modalité de recrutement pour impliquer les entreprises et les pousser à intervenir dans cette logique.
Cette logique inverse se rencontre dans d'autres domaines de la politique actuellement, et serait très intéressante à creuser dans notre domaine.
Si l'on s'engage dans cette voie, et on l'a rappelé, une autorité organisatrice est nécessaire pour éviter une certaine cacophonie. Assez paradoxalement et contre toute attente, alors qu'on rencontre une difficulté, à l'échelle des États européens, à mettre en place cette cohérence, elle devient plus facile dans les projets transfrontaliers. En effet, la méthodologie consistant à partir du projet et à imaginer les structures nécessaires, adoptée dans ces contextes transfrontaliers, est toujours plus rapide et efficace que l'inverse.

B. Une action territoriale orientée : une fausse décentralisation ?

Au cours de cette journée, les intervenants ont insisté, ce qui me paraît dépasser largement la question purement technique des territoires, sur une action du territoire orientée. L'orientation recèle la question d'une fausse décentralisation. On touche là à un problème politique majeur. On l'a vu, l'orientation vient de deux points. Elle part de la logique européenne : pour bénéficier des fonds européens, il faut répondre à des critères, présenter certaines particularités, faire état de certaines forces en la matière. Ce qui veut dire que l'Union européenne, par ses mécanismes de fonds, de critères, recherche des collectivités ou des territoires qui correspondraient à un modèle qu'elle souhaite faire prévaloir, ou dont elle estime qu'il faut les aider à se matérialiser. Le même élément se produit par les logiques nationales et étatiques, cette fameuse logique d'appels à projets évoquée par tous les participants. L'État lance un projet, attend la réponse des territoires, et, selon la même logique, le territoire doit remplir des critères pour être approuvé. Encore une fois, les territoires devraient tous correspondre à un modèle équivalent, avec des caractéristiques communes. Voilà qui entraîne une certaine concurrence des territoires : on oblige à toute force des territoires qui ne remplissaient pas ces critères à essayer de s'y impliquer pour bénéficier des ressources financières étatiques. Lorsqu'on a regroupé les régions, on a ainsi décalqué un modèle dominant sur les autres territoires sans se préoccuper des particularités locales qui auraient pu faire préférer d'autres regroupements plus adaptés ou des liens qui existaient déjà. En orientant les politiques par cette logique d'appel à projet, que reste-t-il des libertés locales, de la libre administration des collectivités locales, ou, finalement, de l'identité des territoires qui auraient pu faire prévaloir telle originalité par rapport à telle autre ? L'originalité, ici, n'est pas valorisée, puisque, dans ce fonctionnement par appels à projets, il faut orienter les politiques et les engagements vers un élément précis pour bénéficier des ressources. C'est un choix, mais les libertés locales se retrouvent en question.

On a beaucoup parlé des contrats de relance et de transition écologique (CRTE), dans le cadre du plan de relance après la crise Covid, qui représente 100 milliards d'euros. La réaction de l'association des maires de France, des associations de collectivités, a été très claire par rapport à l'État : sont-elles des relais d'une politique nationale ou l'État veut-il favoriser le développement de nos territoires ? L'action part-elle d'en-haut, avec une définition des politiques dans laquelle il faut s'inscrire, ou finance-t-on des investissements nés des idées et des innovations des territoires, que le terrain veut favoriser ?

Tout l'enjeu, sans doute, est la logique inverse qu'il faudrait lancer : partant des problèmes des territoires, quels sont les éléments qu'il faudrait financer, que l'on pourrait prendre en compte, pour répondre aux besoins des territoires ?

Il faut alors s'interroger sur la volonté de construire un territoire.

II. La volonté de construire un territoire

Construire un territoire, c'est remettre en cause un certain nombre de ces idées. Deux questions fondamentales animent le processus de construction du territoire : la difficulté d'élaborer un projet de territoire, et la recherche de l'attractivité du territoire.

A. La difficulté d'élaborer un projet de territoire

Difficulté d'élaborer un projet de territoire : tous les intervenants l'ont dit, on débat peu ; peut -être parce qu'on en a perdu l'habitude, parce que les modalités d'intervention et de débat se sont délitées depuis quelque temps, et se sont encore compliquées avec la récente crise épidémique. Il faut trouver des espaces de débat. Mais, si l'on prend du recul par rapport aux propos tenus ce matin, l'élaboration d'un projet de territoire doit composer avec deux points : la perte du sens de l'intérêt général et du collectif et la nécessité de collaboration des différents acteurs.

La perte du sens de l'intérêt général et du collectif : dans un certain nombre de cas, il y a des éléments individuels sur le territoire, une fragmentation de ce territoire (le terme a été plusieurs fois employé aujourd'hui), une fragmentation de la population. Les individus se replient souvent sur leurs choix individuels, ce qu'il faut dépasser. Une éducation du sens de l'action publique, du collectif et de l'intérêt général est indiscutablement à faire. On a du mal à penser une destinée commune pour un territoire. Ce qui est bon pour un territoire n'est pas forcément immédiatement bon pour un individu, comme on le voit poindre, par exemple, lors des débats sur les éoliennes : « les éoliennes, très bien, mais pas dans mon champ de vision ». C'est là d'ailleurs un paradoxe du service public.

Dans cette perte de sens, il faut remettre les personnes concernées au premier plan. On a évoqué la grande part des questions techniques et la nécessité d'une information, d'une sorte de médiation scientifique, puisqu'un certain nombre de données doivent être expliquées pour que la communauté et les citoyens aient conscience des enjeux et en aient une approche fiable par cette information scientifique. Cet ensemble doit permettre de construire un projet partagé.

Au-delà de cette perte de sens de l'intérêt général, on voit la nécessité de collaboration des différents acteurs, dans la perspective d'un projet partagé. On l'a dit à plusieurs reprises, et on a invoqué des exemples : l'association des formes de coopération extrêmement développées aux Pays-Bas ; des projets intéressants évoqués par Jana Marasova en Slovaquie dans le domaine social pour faire collaborer des municipalités et d'autres structures. La région, dans ce cas, n'est pas nécessairement un niveau décentralisé, mais peut être un niveau déconcentré, l'État pouvant donc participer. Il y a en tout cas une véritable invitation à la collaboration entre collectivités, mais aussi entre acteurs publics et privés, ce qu'EDF a prouvé avec des exemples de partenariats.

B. La recherche de l'attractivité du territoire

Difficulté à élaborer un projet de territoire, mais se pose aussi la question fondamentale de la recherche de l'attractivité du territoire. Qu'est-ce qui fait cette attractivité du territoire tant désirée ? Il apparaît qu'elle ne se décide pas.

On a beaucoup parlé de résilience ; tout le monde a dit que la compétitivité, la croissance, ne sont peut-être plus essentielles. On entend même certaines municipalités revendiquer haut et fort qu'elles souhaitent s'engager dans la « décroissance ». La résilience a été définie comme la volonté de remettre en cause un modèle, et c'est notre difficulté que de penser des situations différentes dans le cadre d'un État unitaire.

La communication de M. Ruano sur le cas espagnol ce matin nous a donné un premier indice de ce qui fait l'attractivité d'un territoire : un minimum de services de qualité offerts à la population. Pour offrir ces services de qualité, un financement est nécessaire impliquant de se poser la question de la fiscalité et de la mobilisation de la richesse sur un territoire. Mais rendre un service aux habitants, c'est aussi rendre un service aux entreprises, qui trouveraient un guichet unique à qui s'adresser pour s'implanter rapidement sur un territoire et lui apporter quelque chose. Cette recherche de l'attractivité est aussi nécessairement un système adapté au territoire. Reprenant les deux dernières interventions, je note que la résilience ne doit pas avoir pour élément extrême de modifier l'identité du territoire. Stella Kyvelou a évoqué la notion de résilience évolutive, qui permettrait de faire évoluer l'identité des territoires. C'est d'autant plus évident que le terme n'a jamais été évoqué aujourd'hui. Pourtant, c'est l'identité du territoire qui fait son attractivité ! Tout le monde cherche la signature, la particularité, qui marquera l'identité voire l'authenticité du territoire. Personne ne sait où placer Limoges sur une carte mais tout le monde lui associe la porcelaine. Cette identité ne se bâtit d'ailleurs pas contre un autre territoire, rejoignant ici l'idée de résilience. On cherche la valeur des territoires. Le débat sur les marques des collectivités n'a d'ailleurs jamais été aussi vif. Cette attractivité devrait reposer sur l'identité et la richesse du territoire, précisément dans cette optique de transition. On voudrait que le territoire accompagne les nouveaux arrivants, leur fasse des offres particulières, renforce les politiques d'accueil, mais préserve le cadre de vie, tout en se fondant sur les innovations les plus importantes.

L'identité, les innovations, c'est aussi le patrimoine du territoire en question, un élément qui permet d'identifier le territoire et de faire bénéficier les nouveaux arrivants d'une approche innovante.

Quel est le rôle de l'État, dans tout cela ? Dans tous les pays demeure cette interrogation : est-il coordonnateur d'un certain nombre d'actions ? Est-il là pour orienter les politiques locales dans une perspective nationale ou européenne, ce qui est différent ? L'État est-il simplement un distributeur de finances, doit-il veiller à la cohérence de l'ensemble du territoire malgré des activités différenciées ? Là réside la question fondamentale. L'existence d'une Agence nationale de cohésion des territoires est, dans cette perspective, particulièrement éloquente : n'est-ce pas l'État qui est garant de la cohésion des territoires ? Pourquoi cette compétence est-elle confiée à une agence ? Quel rôle politique l'État assume-t-il dans les territoires et par rapport aux politiques des territoires ? De cette question-là découle notre approche de la politique de la décentralisation.

En commémorant les quarante ans de notre décentralisation, nous devrons avoir ces questions à l'esprit, pour penser une décentralisation d'un nouveau genre, mais permettant aux territoires de reprendre la main, tout en restant évidemment dans un État unitaire : le but n'est pas d'éparpiller les territoires « façon puzzle ». Il s'agirait de repartir des territoires et de leurs spécificités pour reconstruire une vraie politique territoriale, sans être prisonniers de cadres trop rigides.

Liste des sigles et abréviations

ANRU : Agence nationale pour la rénovation urbaine.

AVRUL : Agence pour la Valorisation de la Recherche Universitaire du Limousin

CCRRDT : Comité Consultatif Régional pour la Recherche et le Développement Technologique

CRTE : Contrat de relance et de transition écologique.

CTTC : Centre de Transfert de Technologies Céramiques

DATAR : Délégation à l'aménagement du territoire et à l'attractivité régionale

EHPAD : Établissement d'hébergement pour personnes âgées dépendantes

EPCI : Établissement public de coopération intercommunale

ETI : Entreprise de taille intermédiaire

FEADER : Fonds européen agricole pour le développement rural

FEDER : Fonds européen de développement régional

FSE : Fonds social européen

Idex : Initiatives d'excellence

ILFOMER : Institut Limousin de Formation aux Métiers de la Réadaptation.

Labex : Laboratoire d'excellence

Orate : Observatoire en réseau de l'aménagement du territoire européen

PAC : Politique Agricole Commune

SPL : Société publique locale

ZAN : Zéro Artificialisation Nette.

ZEM : Zones franches d'émissions.

Table des matières

Structures éditoriales du groupe L'Harmattan

L'Harmattan Italie
Via degli Artisti, 15
10124 Torino
harmattan.italia@gmail.com

L'Harmattan Hongrie
Kossuth l. u. 14-16.
1053 Budapest
harmattan@harmattan.hu

L'Harmattan Sénégal
10 VDN SICAP AMITIE 3
BP 45034 Dakar-Fann
direction@senharmattan.com

L'Harmattan Cameroun
Tsinga/Derrière polyclinique FECAFOOT
BP 11486 Yaoundé
Jacques.koukam@harmattan.fr

L'Harmattan Burkina Faso
Villa 281, secteur 23 623, rue 14.32
Ouagadougou
zagbie@outlook.fr

L'Harmattan Guinée
Almamya, rue KA 028 OKB Agency
BP 3470 Conakry
harmattanguinee@yahoo.fr

L'Harmattan RDC
185, avenue Nyangwe
Commune de Lingwala – Kinshasa
matangilamusadila@yahoo.fr

L'Harmattan Congo
219, avenue Nelson Mandela
BP 2874 Brazzaville
deunovmikhael@gmail.com

L'Harmattan Mali
Immeuble Mgr Jean Marie Cissé
Aci Hamadallaye
BP 145 Bamako
syllaka@yahoo.fr

L'Harmattan Togo
Djidjole – Maison Amela
face EPP BATOME
02 BP 20680 Lomé
didieramela11@gmail.com

L'Harmattan Côte d'Ivoire
Résidence Karl – Cité des Arts
Abidjan-Cocody
03 BP 1588 Abidjan
harmattan.ivoire@gmail.com

L'Harmattan Bénin
Rue 604, (Immeuble à l'entrée
de la rue UCAO- Cite de Saint-Jean)
Cotonou
stepcorpus@gmail.com

Nos librairies en France

Librairie internationale
16, rue des Écoles
75005 Paris
librairie.internationale@harmattan.fr
01 40 46 79 11
www.librairieharmattan.com

Librairie des savoirs
21, rue des Écoles
75005 Paris
librairie.sh@harmattan.fr
01 46 34 13 71
www.librairieharmattansh.com

www.ingramcontent.com/pod-product-compliance
Lightning Source LLC
LaVergne TN
LVHW011253061026
849535LV00005B/1239